Die Russen kommen

Waltraud Voigt

DIE RUSSEN KOMMEN

Erinnerungen einer Ärztin

Edition Schwärzethal

Impressum:
2. Auflage November 2011
© 2011 Waltraud Voigt
Herstellung und Vertrieb:
Books on Demand GmbH, Norderstedt
ISBN 978-3-842-33275-1

Das Wertvollste, was der Mensch besitzt, ist das Leben.
Es wird ihm nur ein einziges Mal gegeben, und nutzen
soll man es so, dass einen die Schande einer nieder-
trächtigen und kleinlichen Vergangenheit nicht brennt.

Nikolai Alexejewitsch Ostrowski (1904 - 1936)

INHALTSVERZEICHNIS

Warum schreibe ich dieses Buch?

In meiner Kindheit waren die Russen für mich bedrohliche und böse Menschen, weil ich 1940 geboren bin. Was war mit den Russen? Mit dem Erlernen der Sprache, also mitten im Zweiten Weltkrieg, bekam ich oft zu hören, dass die Russen bald hier sein werden und die Amis uns nicht werden vor ihnen beschützen können, denn Hitler würde den Krieg verlieren. Das stand fest seit der Schlacht von Stalingrad und meine liebe Mutter stand oft kopfschüttelnd am Radio und jeglicher Mut hatte sie verlassen. Denn sie hatte nur eine Charakterisierung für die Russen: „Und willst du nicht mein Bruder sein, so schlag ich dir den Schädel ein!"

Unser Vater befand sich in Russland an der Front. Er war Offizier. 1939 wurde er eingezogen nach Mittenwalde und Wünsdorf südlich von Berlin. Ich selbst bin ein Kriegsabschiedskind. 1944 kam noch mein Bruder dazu, ein Kriegsurlaubskind, und am Ende des Krieges stand meine Mutter mit vier Kindern, einem Haus und einem Garten alleine da.

Während des Krieges konnte ich noch mit meinem Vater telefonieren. An seinem Schreibtisch stehend, den schwarzen Telefonhörer in der Hand haltend, den mir die Mutti gegeben hatte, hörte ich seine ferne Stimme. „Wann kommst du nach Hause, Vati?" fragte ich. Ach, es dauerte noch sehr lange, bis ich den Vater wiedersah, denn er kam in russische Kriegsgefangenschaft. In einem Lager bei Reval, einem eisfreien Fischereihafen der Ostseeküste (heute Tallinn, Hauptstadt von Estland) mussten die Gefangenen von den Fangschiffen Heringe entladen. Sie durften unter Todesstrafe keinen Fisch essen. Doch sie stopften sich die Fische in die Unterwäsche und nahmen sie mit ins Lager. Dort wurde geteilt. Denn sonst wären sie verhungert. Am Lagerzaun standen russische Frauen und Kinder und bettelten die Gefangenen um Brot (Chleb) an. Das war ihnen verboten. Die Gefangenen gaben Brot ab. Die Hungernden hatten füreinander Verständnis.

Das erzählte unser Vater erst viel später, nachdem er wieder Arbeit als Lehrer hatte. Drei Jahre nach Kriegsende, am Geburtstag seines einzigen Sohnes, am 13. Mai 1948, kam der Vater aus russischer Kriegsgefangenschaft nach Hause. Er stand an diesem Tag in einem abgetragenen Militärmantel kraftlos am Gartenzaun und konnte die Pforte nicht öffnen. Sie klemmte etwas. Ich sah ihn aber, öffnete ihm und fiel ihm ungestüm um den Hals. Beinahe hätte ich ihn umgerissen, denn er konnte sich kaum halten. Er hatte Wasser im Körper bis unter die Achselhöhlen. Hungerödeme.

Aber ich muss noch etwas zurückdenken an die Kriegsjahre:

Seit 1943 gab es in der Berliner Gegend schon Fliegeralarm und Bombenabwürfe. In dem Berliner Vorort Eichwalde, damals Kreis Teltow, jetzt Landkreis Dahme-Spree, fielen in diesem Jahr Fliegerbomben.

10

Eine elfköpfige Lehrerfamilie wurde dadurch in ihrem eigenen Haus umgebracht. In unserer Nachbarstraße fiel auch eine Bombe. Durch den Luftdruck der Explosion wurden an unserem Haus mehrere Fenster zerstört und eine Wand der gläsernen Veranda. Es war keine russische Bombe, sondern eine englische. Dann erlebte ich, wie bei drohendem Fliegeralarm Lametta vom Himmel fiel. Das bedeutete, dass die Angreifer voraus die Stanniolstreifen streuten, um der deutschen Flak die Radarsicht zu behindern. Die Angst vor englischen und amerikanischen Bombenabwürfen führte unsere Mutter dazu, eine Schutzmaßnahme zu ergreifen. Sie zog mit uns drei Mädchen aufs Land in die Uckermark, zu ihren Eltern, und lebte dort mit uns, Oma und Opa, auf dem kleinen Landhof in Serwest. Sie wusste damals noch nicht, dass hier bald die Russen durchziehen würden. Alles wurde anders, als man es sich vorgestellt hatte.

Ich schreibe dieses Büchlein, weil ich aus heutiger Sicht sagen kann: Schon als kleines Kind wurde ich durch die Politik manipuliert. Den Begriff „Volksverhetzung" kann ich sehr unterstützen. Ich konnte erleben, wie drei Generationen durch die wahnwitzige Herrschaft eines Adolf Hitler ihrer Lebensziele und Lebensqualität beraubt wurden, nicht nur sterben mussten, sondern auch zum Hinsiechen gezwungen wurden, wie meine Mutter, die letztendlich mit zweiundfünfzig Jahren an Tuberkulose gestorben war.

Aus mir wurde trotz allem ein froher und lebensbejahender Mensch, dank der Standfestigkeit und Treue meines lieben Vaters Karl Fleuter, der meine Kindheit begleitet hat, als meine Mutter es nicht mehr konnte. Er musste natürlich als Lehrer 1939 in den Krieg ziehen und gegen angebliche Feinde kämpfen. Niemals aber hatte er auf sie einen Groll, er war immer mäßig in allem. Uns sagte er, nie habe er einen Menschen erschossen. Es war ihm wichtig, uns das mitzuteilen.

Wie schlimm mag es ihm ergangen sein? Er kam mit Hungerödemen aus der Kriegsgefangenschaft nach Hause, hatte sich für seinen vierjährigen Sohn einige Stücke Zucker aufgespart. Aber dieser war ihm gegenüber fremd, lehnte den Zucker ab und fragte die Mutti: „Wann geht der Mann wieder nach Russland?" Da läuft es einem doch kalt über den Rücken. Übrigens hat mein Vater nie wieder eine Auslandsreise unternommen. Er habe genug von der Welt gesehen mit dem dazugehörigen Elend. Er sei im Kriege bis Odessa gekommen, das sei weit genug gewesen. Er konnte einige Brocken der russischen Sprache, am besten: dawai, dawai (weiter, weiter) und: **Завтра будет!** (Sawtra budjet - morgen werden wir sehen), also Worte, die mit dem Lagerleben zu tun hatten.

Lieber Leser, ich möchte hier keinen kalten Kaffee aufwärmen. Eigentlich ist es nur Geschichte, was ich aufgeschrieben habe. Es ist meine eigene Geschichte und die von vielen anderen gleichermaßen, die sie vielleicht nicht aufschreiben. Es soll aber nicht alles um-

sonst gewesen und vergessen sein. Meine Lebenserfahrungen sollen dir nützen. Du kannst daraus lernen,
was ich mir wünsche. Es ist keine traurige Geschichte,
weil viel Humor und Lebenslust enthalten ist - jedoch -
hoffentlich wiederholt sie sich nicht.

Nur eine Geschichte wollte ich aufschreiben, aber
bald merkte ich - etwa fünf Jahre notiere und schreibe
ich schon meine Gedanken zu diesem Thema auf - dass
wohl ein Buch daraus werden würde. Eine Kollegin,
die ich in Dresden auf einem Kongress traf, sagte: Den
Russen hat man entweder das Herz gebrochen oder das
Genick. Was Stalin dabei für eine Rolle gespielt hat,
wussten wir damals noch nicht. Nun, für die ältere Ge-
neration der Russen mag das zutreffen, aber die Jünge-
ren kenne ich als selbstsichere, fleißige und zielstrebige
Menschen, die vor keiner Arbeit zurückschrecken, um
zu lernen und vorwärts zu kommen.

WAS ICH ALS KLEINES KIND ÜBER DIE RUSSEN HÖRTE

Mein Elternhaus war ein gelber Klinkerbau, der im Jahre 1901 als ein Sommerhaus errichtet wurde.

Der Großvater Herrmann Fleuter kaufte es für unseren Vater, der eine Familie gründen wollte. Unser Vater Karl F. war darüber nicht erfreut, jedoch das nützte ihm nichts. Er musste mit seiner jungen Frau aus Berlin wegziehen in den Vorort Eichwalde südöstlich der Großstadt. Im Haus wurde eine Zentralheizung eingebaut, die mit Steinkohlenkoks sehr gut funktionierte, bis zum Kriegsanfang. Dann wurde es sehr ungemütlich in allen Räumen wegen Knappheit der Kohlen. Und im strengen Winter 1944 fror die Heizung kaputt. Im Wohnzimmer, gleich neben der Küche, musste ein Ofen gesetzt werden. Alle anderen Räume blieben kalt.

Das Familienleben spielte sich halt in diesem schmalen Wohnzimmer ab, in dem auf Mutters Nähtischchen das Radio aus braunem Holz in einer Ecke stand. Das Tischchen hatte einen gedrechselten Fuß und war mit Intarsienarbeiten verziert. Wenn man die Schublade aufzog, sah man die Einteilung in kleinere Fächer, in denen die Näh-Utensilien säuberlich eingeordnet waren. Ich war selbst noch klein, so dass ich mühelos unter dem Tisch hindurchkriechen konnte, um

mir die Rückwand des Radios anzuschauen. Aus den
Löchern der Rückwand kam Wärme und gelbes Licht.
Ich dachte ja, die netten Stimmen gehören Menschen,
die in dem Radio wohnten, und wollte ihre Wohnung
sehen. Da das Radio mit „Röhren" spielte, dachte ich,
die Röhren seien die Öfen der kleinen Menschen.
Gerne saß ich auch vor dem Radio auf einem Stuhl und
hörte mir alles genau an. Sehr einprägsam war mir die
Musik zu den Kriegsmeldungen, die mehrmals am
Tage gesendet wurden. Ich erinnere mich an Berichte,
dass die deutsche Armee eine ruhmreiche Schlacht ge-
wonnen hätte nach soundso langen Kämpfen und die
Russen besiegt hätten. Ich wunderte mich insgeheim,
warum die Deutschen nicht zu Hause geblieben sind,
wo es doch viel schöner gewesen wäre. Aber es hieß ja:
Für Führer und Vaterland!

Dass nachts im Dunkeln Stanniolstreifen vom
Himmel fielen, war ja noch ganz interessant. An Bom-
bardierungen kann ich mich nur darum erinnern, weil
wir als Familie in unseren Keller gehen und abwarten
mussten, bis die Entwarnungssirene zu hören war: Ende
des Angriffes. Von Treffern blieben wir verschont, leider andere Familien in unserem kleinen Ort nicht. Es
waren keine russischen Flugzeuge, die uns bedrohten.
Das erfuhr ich natürlich erst später.

Ich erinnere mich daran, dass die Meldung über
Stalingrad, die verlustreiche Schlacht in Russland, gesendet wurde. Die Stadt wurde nicht eingenommen,
sondern die russischen Sowjetsoldaten besiegten die
deutsche Armee und 240 000 deutsche Soldaten kamen

ums Leben. Und meine Mutter stand wie versteinert in der Küchentür und sagte eindeutig und für jeden hörbar: „Diesen Krieg gewinnen wir nie!" Man behauptet, ich sei zu klein gewesen, 1943 ja erst drei Jahre alt. Aber ich weiß es doch noch, weil mir die Mutter so Leid getan hatte, als sie dort so mutlos stand. Sie war sehr froh, dass sie unseren Vater an einem anderen Ort wusste, von dem sie Feldpostbriefe auf grauem Papier mit aufgedruckten Marken erhalten hatte.

Wolgograd, die Stadt an der Wolga, hieß von 1925 bis 1961 Stalingrad, ein Symbol des Personenkultes um Josef W. Stalin und seinen Terrorismus. Die 6. Deutsche Armee besetzte Teile der Stadt. Es waren 330 000 Mann. Dann wurden sie von der Sowjetarmee eingeschlossen. Hitler untersagte den Ausbruch und die Truppen wurden in Straßenkämpfen aufgerieben. Ein Rest von 90 000 Mann kapitulierte am 31.1.1943.[1] Man kann die schrecklichen Filmdokumentationen noch des Öfteren in Fernsehprogrammen sehen. Von da an stand es fest: Die Russen würden kommen! Meine Kleinkinderjahre wurden nicht überschattet von diesem Gedanken. Ich hatte eine sehr schöne Kindheit in unserem Haus und Garten.

Was dazugehörte, waren die Besuche bei den Großeltern. Die Eltern meiner Mutter hatten einen kleinen Bauernhof im Dorf Serwest, das an der Grenze des Barnim und der Uckermark liegt.

Wenn man von Osten kommt, also von Angermünde, ist es das erste Haus des Ortes. Ich lernte dort als kleines Mädchen einen Stall kennen, eine Kuh und zwei Pferde, Hühner und Kaninchen und ein Schwein. Auch sah ich, wie in einem Holzfässchen gebuttert wurde. Ich bemerkte, dass die Essenzubereitung viel Arbeit machte. Im Frühjahr 1945 kamen die Russen durch das Dorf. Die Großeltern waren allein.

Der Bauernhof wurde von den Russen besetzt. Es handelte sich um einen Offizier mit seiner Truppe. Sie quartierten sich in der Scheune ein und übernahmen ab sofort die Hausarbeit. Sie molken die Kuh, putzten Gemüse, schälten Kartoffeln und kochten in Omas kleiner Küche. Die Oma hatte noch nie gesehen, wie schnell diese Arbeiten verrichtet werden können. Und sie war eine gelernte Mamsell! Die Großeltern bekamen ihre Portion ab. Sie hatten aber nichts zu melden. Der Großvater saß oft in seiner guten Stube und las die Tagespresse. Er war intelligent, halt ein studierter Landwirt, und immer politisch interessiert. An einem Tag ging der Offizier zu ihm hinein und wollte sich mit ihm über den Krieg unterhalten. „Chitler ist Kriegsverbrecher!" sagte er zu ihm. „Ja", antwortete der Opa „und Stalin ist euer Diktator!"

Als die Oma das hörte, blieb ihr fast das Herz stehen vor Angst. Sie dachte, jetzt würde ihr August erschossen werden. Jedoch der Offizier wandte sich an sie und sprach: „Du klugen Mann! Wo chat studiert?"

Plumps! Das war der Stein, der ihr vom Herzen fiel. Die Russen nahmen den Großeltern nichts weg. Sie zogen weiter in Richtung Berlin. Aber nach Kriegsende stahlen deutsche Bewohner aus dem Dorf den Großeltern über Nacht die Kuh aus dem Stall.

Als der Krieg beendet und ich fünf Jahre alt und meine Mutter zu Hause war (die Berliner Oma musste mal nach Hause fahren), sah ich das erste Mal in meinem Leben Russen. Es waren zwei gut aussehende Offiziere, um etwa 30 bis 35 Jahre alt, in Uniformen, mit ihren auch sehr gut aussehenden Frauen in Zivil. Meine Mutter machte mit diesen einen Deal. Sie hatte den kleinen, einjährigen Bruder auf dem Arm und ich kleines Mädchen lief um sie herum. Sie gingen gemeinsam in das Schlafzimmer und die Mutti machte ihren Kleiderschrank auf. Eine Russenfrau nahm aus dem Angebot ein schwarz-grün gemustertes Sommerkleid und die zweite ein hellblaues Seidenkleid mit kleinem Blümchenmuster und stoffbezogenen Knöpfchen vorne bis zum Rock hinunter. Dieses Kleid liebte ich sehr. Nun wurde es weggegeben für ein Pfund Butter. Ich konnte es nicht fassen, dass die Mutti das tat, dieses schöne Kleid weggab. Ich verstand es nicht. Aber es waren vier Kinder zu ernähren. Die beiden russischen Ehepaare sahen sich unser Haus an, bewunderten Vaters Schreibtisch und den ledernen Schreibtischsessel, sagten: schön, schön. Aber dann gingen sie wieder, ohne etwas wegzunehmen. Die neuen Herren aus dem Rathaus, die Deutschen, holten den Schreibtischsessel, das Telefon und Vaters vollgummibereiftes Fahrrad der Marke Brennabor.[2] Mit diesem fuhr danach der neu ernannte Ortspolizist durch die Gemeinde.

Mein Einschulung 1946 fand ich wunderschön, denn es war Frieden. Nur der Vati fehlte. In meiner Schultüte befanden sich eine Tomate, ein Griffel und eine Schiefertafel, ein Bleistift, ein Heft und wohl noch ein Apfel. Und die Mutti holte mich von der Schule ab, stand lächelnd unten an der Treppe und ich war glücklich. Von meiner Mutter hatte ich nicht viel, sie musste immer über Land fahren und Essen besorgen. Ich lernte in der Schule gut und leicht, aber ich war zu ruhig und schüchtern. Immer sollte ich mehr mitarbeiten! Wir hatten noch keine Pionierorganisation und keine Freie Deutsche Jugend. Das kam erst im Studium auf mich zu.

Erwähnen möchte ich noch, dass mein Berliner Großvater am Kriegsende mitten in Berlin, im Prenzlauer Berg, erschossen wurde. Nicht von den Russen, sondern von jugendlichen deutschen Hitlerfanatikern, die sich auf den Dächern verschanzt hielten. Mein Großvater rief hinauf zu ihnen: „Hört auf zu schießen, der Krieg ist zu Ende!" Und das war der Anlass für diese Hirnkranken, den alten Mann auf der Stelle zu erschießen. Als die Großmutter eine Woche später ihren Herrmann in Berlin suchte - sie war ja bei uns gewesen -, hatte der Opa schon ein Notbegräbnis erhalten.

SCHULZEIT UND STUDIUM

Meine frühen Schuljahre, das war halt die Nachkriegs-
zeit, waren überschattet von der Abwesenheit der
Mutter und des Vaters. Die Mutti war sehr oft auf dem
Lande, um für Naturalien zu arbeiten. Sie fuhr zu
diesem Zweck mit der Eisenbahn fast bis ins Oderbruch
zu ihrer Schwester, die auf einem Bauernhof lebte. Die
Tierhaltung war nicht so modern wie heute. Die Tiere
mussten mit der Hand gefüttert werden, die Kühe per
Hand gemolken werden, die Ställe per Hand ausgemi-
stet werden und im Ackerbau und der Feldwirtschaft
war es ebenso. Kartoffeln wurden mit der Hand gebud-
delt. Es gab wohl Mähmaschinen für die Getreideernte,
aber die Garben mussten mit der Hand gebunden
werden und beim Dreschen mit der Hand in die
Dreschmaschinen befördert werden. Für eine Frau mit
vier Kindern, das jüngste erst 1-2 Jahre alt, war das
Schwerarbeit. Ob sie selbst genug gegessen hatte? Anschließend musste sie die schweren Nahrungsmittel im
Zug nach Hause transportieren.

Kein Mensch weiß, wo sie sich mit Tuberkulose in-
fiziert hatte. Die Grübelei darüber quält mich bis zum
heutigen Tag. Ich selbst war immer froh und glücklich,
wenn die Mutter zu Hause war.

Als ich in die fünfte Klasse ging, bekamen wir Russischunterricht. Die Lehrerin war freundlich und gab sich
sehr viel Mühe mit uns. „Nina, Nina, tam Kartina. Eto
Traktor i Motor!"

Ich gab mir auch Mühe, jedoch war das Erlernen der
russischen Sprache ohne Beziehung zum täglichen Leben. Es bezog sich auf gute Taten der sowjetischen
Pioniere (Timur und sein Trupp), der Komsomolzen
(Soja Kosmodemjanskaja), auf das Jugendleben in
Gruppen, also dem Komsomol, auf den Städtebau und
sozialistische Großbaustellen wie dem Bau von Stau-
dämmen, auf Lenin und Stalin und die Große Sozialistische Oktoberrevolution von 1917.

1953 starb J.W. Stalin. Ein Mädchen aus einer Par-
allelklasse stand an diesem Tag weinend auf dem
Schulhof. Seine Eltern sollen „dreihundertprozentig"
gewesen sein. Es war für uns nicht nachvollziehbar. Ich
musste eine Wandzeitung über Stalin für den Schulflur
gestalten. Dazu machte ich eine Bleistift-Portraitzeich-
nung von ihm nach einem Zeitungsfoto. Wenigstens
das machte mir Spaß.

Ein schönes Kinderbuch, aus dem Russischen ins
Deutsche übersetzt, heißt „Am Ufer des Sewansee". Ich
möchte empfehlen, es zu lesen. Es schildert Ferienkinder am Sewansee, die nach einem verschwundenen
Bach suchen und unterirdische Höhlen finden. Es ist

spannend und lehrreich und ich glaube, es spielte südlich des Kaukasus. Vielleicht ist es noch zu bekommen.

Dann hörten wir in der Schule über den ersten Weltraumsatelliten, den Sputnik: piep, piep, piep. Das war am 5. Oktober 1957. Ich kam an diesem sonnigen Tag schon mit dem Wissen um die sowjetische Meisterleistung aus der Schule nach Hause, mit dem Beginn der Weltraum-Ära! Ich war etwas „high" im Kopf. Es war sensationell. Der ganze Tag war wie ein Feiertag.

Dann schickten die Russen die erste Hündin in den Weltraum: Laika. Dann war der erste Mensch in einer Erdumrundung unterwegs: Juri Gagarin. Welch ein mutiger Mann, er lächelte aus seinem Weltraumanzug, aus seiner luftdichten Weltraumuniform in allen Zeitungen. Das war doch großartig! Aber das geschah erst 1961. Da war ich bereits Medizinstudentin. Noch im Studium, 1963, geschah wiederum ein russisches Wunder: Die erste Frau im Weltraum! Die 1937 geborene, also sechsundzwanzigjährige russische Bürgerin Walentina Tereschkowa, die erste Frau, die an einem Raumfahrtunternehmen teilnahm, machte in „Wostok 6" achtundvierzig Erdumkreisungen. Während des Fluges „telefonierte" sie mit ihrer Familie und ihrer Arbeitsgruppe voller Charme, man konnte es im Fernsehen beobachten.

Von den westlichen Bemühungen, den Weltraum zu erobern, hörten wir eigentlich gar nichts.

Wir Kinder und Jugendlichen konnten ins Kino gehen und uns russische Märchenfilme ansehen. Und sie waren wunderschön! Wer erinnert sich nicht gerne an „Die steinerne Blume" oder an das „Märchen vom Zaren Saltan" oder das „Märchen von der toten Zarentochter und den sieben Recken". Wer litt nicht mit dem gefangengehaltenen Jungen, der im Palast der „Schneekönigin" frieren musste. Ein Märchen immer schöner als das andere. Wer fand nicht die Baba Jaga, die Hexe in der Hütte mit dem Hühnerfuß, aufregend und angsteinflößend. Und immer siegten die Liebe und Treue und der Fleiß über die bösen Mächte. Man konnte das Buch „Russische Volksmärchen" kaufen. Bis zum heutigen Tag haben diese Märchen ihren Zauber nicht verloren. Wir lernten darin das tief verschneite Sibirien und die herrlichen Wälder Russlands kennen. Die schöne Wassilissa. Aljonoschka. Ich kann die Märchen nicht alle aufzählen, aber ich war schwer beeindruckt. Ich habe nie wieder so schöne Märchenfilme gesehen.

Alexander Puschkin, der Märchen in Versform geschrieben hat, war ein tiefsinniger Mensch. Anton Tschechow, der Arzt und Schriftsteller, wie hat er das russische Bürgertum mit Humor kritisiert. Es ist schade, dass wir nur die politische russische Sprache gelernt hatten.

Im Musikunterricht und Russischunterricht lernten wir Lieder kennen wie „Oh Abendklang - Wetschernii Swon", „Dolgo li djewitza guljala, a kukuschka kukowala. Zidjew na swojom zuku: kuku, kuku, kuku." (Lange ging das Mädchen spazieren, aber der Kuckuck rief. Er saß auf seinem Zweig: kuku, kuku, kuku.) Wir lernten die Sensibilität und Lebensfreude, die russische Seele mit der Literatur und der Musik kennen. Sie war genau so wie die unsrige.

Zur Pflichtlektüre im Deutschunterricht gehörte der russische Roman „Wie der Stahl gehärtet wurde" von Nikolai Ostrowski. Der Schriftsteller beschreibt den Kampf des sowjetischen Offiziers Pawel Kortschagin mit sich selbst und mit den Kampfgenossen. Es war die Zeit nach der Oktoberrevolution 1917 und das Denken in den Köpfen war noch nicht reif für den Aufbau des sowjetischen Staates. Diese Konflikte, Rückfälle und Erfolge ließen uns eigentlich unberührt. Aber der Stoff wurde uns so eingebläut und ich staune, dass ich noch so viel weiß. Von Makarenko: „Der Weg ins Leben" war viel angenehmer. Es wird beschrieben, wie verwahrloste Jugendliche in Lagern von guten Pädagogen und unter den Augen des gesamten Kollektivs wieder in ein normales Leben geführt wurden, natürlich zum Wohle der Sowjetunion. Aber es leuchtet ein, dass der Prozess durch Arbeit gedeihen konnte. „Wer gut arbeitet, soll auch gut essen."

Als ich bereits Ärztin war, habe ich das Buch noch einmal gelesen. Es ist ein gutes Buch und sein Anliegen würde in jeder Gesellschaftsordnung funktionieren. Ich glaube, in der Ausbildung der Lehrer in der DDR war es Pflichtlektüre.

Die ersten russischen Spielfilme in Schwarz-Weiß sahen wir pflichtgemäß noch als Oberschüler. Sie waren sehr, sehr schön: „Die Kraniche ziehen". Wer diesen Film kennt, wird mir zustimmen. Das Mädchen, von ihrem Liebsten „Eichhörnchen" genannt, erlebt mit ihm die große Jugendliebe, als zur Herbstzeit der Zweite Weltkrieg für die Sowjetunion begann und der junge Mann einen Stellungsbefehl erhielt. „Wir sehen uns wieder, wenn die Kraniche ziehen. Es dauert nicht lang." Wie oft sah das Eichhörnchen die Kraniche ziehen. Die Heimkehrerzüge rollten auf dem Bahnhof ein, jahrelang. Eichhörnchen arbeitete als Sanitäterin und wartete. Aber wir Zuschauer wussten, dass der Liebste bereits erschossen und in einem polnischen Sumpf begraben war.

Ein weiterer Film „Ein Menschenschicksal" in Schwarz-Weiß von und mit Sergej Bondartschuk, einem späteren Oscarpreisträger, nach dem Roman von Michael Scholochow. Der Film beschreibt das Leben eines russischen Soldaten, dessen Familie und Wohnhaus bei seiner Heimkehr aus dem Kriege nicht mehr vorhanden waren. Ein verwaister kleiner Junge, den er in seinem Lastwagen mitnimmt, bewahrt ihn vor dem Wodka. Iwan nannten die Deutschen ihn im Kriege.

Im Jahre 1958 legte ich die Abiturprüfung ab. Im selben Jahr schrieb der russisch-kirgisische Schriftsteller Tschingis Aitmatow (geboren 1928) die Erzählung „Dshamila", eine realistische, sensible Dorfgeschichte

aus einer Rinderzucht- und Agrarkolchose, eine Lie-
besgeschichte. Es muss dazugesagt werden, dass die
russischen Schriftsteller einer strengen Zensur unterla-
gen. Die Inhalte durften keinesfalls gesellschaftskritisch
sein, sonst wurden die Autoren mit einem Schreibver-
bot bestraft oder noch schlimmer, mit einer Verbannung
nach Sibirien. Und trotz allem ist „Dshamila" ein groß-
artiges und sensibles literarisches Werk.

Das gleiche gilt für die Tiererzählungen mehrer
russischer Poeten, die zusammengefasst wurden und im
Reclamverlag erschienen waren unter dem Titel „Das
weiße Pferd Scheptalo". Es sind Tiererzählungen, die
aus der Sicht der Menschen und aus der Seele der Tiere
sprechen. Sie sind mitreißend.

Dass ich in der Abiturarbeit eine Zwei im Russisch
bekam, hätte ich mir gar nicht zugetraut. Wenn ich die
zwei Jahre medizinisches Fachrussisch aus den beiden
ersten Studienjahren mitzähle, hatte ich zehn Jahre
Russischunterricht. Ich konnte mich in der damaligen
Sowjetunion anlässlich einer Reise viele Jahre später
mit einigen Brocken der russischen Sprache behelfen.
Es war aber nur ein kläglicher Rest, der hängen-
geblieben ist. Man hat das Russischsprechen nicht mehr
gebraucht.

Ich würde mir zutrauen, diese Sprache noch einmal
zu lernen, für den Gebrauch im Alltag. Aber nun werde
ich nicht mehr nach Russland verreisen.

Als ich Medizinstudentin war, regierte Walter Ulbricht als unser Staatsoberhaupt. Es kursierte ein Witz, dass auf seinem Schreibtisch ein roter Telefonapparat stehe, der nur mit einem Hörer und ohne Sprechmuschel ausgestattet sei und die Leitung ginge nur nach Moskau. In diesem Zusammenhang habe ich am 13. August 1961, als ich ein Praktikum im Berliner Nordmark-Krankenhaus an der Prenzlauer Allee absolvierte, an diesem sonnigen und warmen Sommertag, vom Bau der Berliner Mauer gehört. Das Stationspersonal war in heller Aufregung. Ich persönlich hatte keine Verwandtschaft in Westberlin. Darum schockierte mich die Nachricht nicht sehr. Man musste es hinnehmen. Ich wusste ja vom Aufstand des 17. Juni 1953, was mein Vater mir berichtet hatte.

An diesem Tag, der in die (westdeutsche) Geschichte als Tag der Deutschen Einheit eingehen sollte, hatte mein Vater in der Berliner Greifenhagener Straße Schulschluss, d.h. Feierabend, und er hörte in der Schönhauser Allee Panzergeräusche und auch Schüsse knallen. Da nahm er die Beine in die Hand! Der Krieg war erst acht Jahre her und er kannte diese Geräusche zur Genüge ...

Die S-Bahn fuhr nicht. Er rannte mehr als er ging bis zum Treptower Park. Dort konnte er einen Dampfer nehmen bis nach Schmöckwitz und weiter laufen durch ganz Eichwalde bis nach Hause. Er hatte Angst und war froh, bei uns zu sein. Ruhe und Ordnung war durch die Übermacht der aufgebotenen russischen Militärs und der Kasernierten Volkspolizei am Abend wiederhergestellt und am nächsten Morgen fuhr der Vati wieder zur Arbeit nach Berlin.

Ja, im Studium mussten wir alle in die FDJ (Freie Deutsche Jugend) eintreten und in die Gesellschaft für Deutsch-Sowjetische Freundschaft. Es hatte keine Bedeutung und man wollte nicht negativ auffallen. Man kaufte halt die Mitgliedsmarken und klebte sie in die Ausweise ein. Die Studenten unseres Seminars verstanden sich gut und es resultierte nichts daraus. Nachdem wir die vorklinischen Fächer absolviert hatten, das Vorphysikum und Physikum bestanden hatten, begannen die klinischen Fächer. Dazu gehörten die Famulaturen auf den Stationen und die Zusammenarbeit mit den Ärzten.

Auf der Inneren Station im Bucher Klinikum war eine junge russische Ärztin, eine Internistin, tätig. In der Sowjetunion schlossen die Schüler mit der 10. Klasse die Schule ab und konnten anschließend studieren. Es gab kein Abitur, keine zwölf Klassen. Im Medizinstudium war die Ausbildung anders als in der DDR. Sie begann sofort mit der Facharztausbildung. Man studierte Internist oder Pädiater oder Augenarzt, Chirurg bzw. Kinderchirurg oder Neurologe. Auf der Bucher Station arbeitete diese Internistin, die sich besonders mit Diabetes mellitus, der Zuckerkrankheit, beschäftigte. Damals in den sechziger Jahren legte man noch sehr viel Wert auf einen Diätplan und das Berechnen der Broteinheiten für jeweils einen Patienten.

Der Plan wurde schriftlich fixiert und in der Küche abgegeben, bei der Entlassung dem Patienten ausgehändigt. Es gab noch nicht so viele Insulinsorten und nur wenige blutzuckersenkende Tabletten, sodass der Plan sehr wichtig war. Die russische Kollegin sagte zu mir: „Nun wir rechnen Kalorasch!" - (Kalorien). Erst verstand ich nicht, aber sie meinte, die Broteinheiten für einen Patienten zu berechnen.

Und das ging blitzschnell bei ihr. Ruckzuck war der Plan fertig. In der Stationsarbeit war die Kollegin auch sehr gewandt. Ich konnte einschätzen, dass ihre Ausbildung sehr gut und spezialisiert war. Aber nach der Wende, nach 1990, wurde die Ausbildung der russischen Ärzte in Deutschland nicht anerkannt. Darauf reagierten die Kollegen in unterschiedlicher Weise. Davon werde ich noch berichten.

WAS ICH ALS ÄRZTIN MIT DEN RUSSEN ERLEBTE

Nun kam eine lange Zeit ohne Kontakte mit den „Freunden". Noch vier harte Studienjahre schlossen sich an, das Staatsexamen, die Prüfungen in der Charité in Vierergruppen, eine sektfröhliche Feier im Berliner Lindencorso, Ecke Friedrichstraße, und der Abschied.

Es ist traurig, wenn man nach sechs Studienjahren auseinander geht, jeder woandershin, jeder nimmt eine andere Facharztausbildung in Angriff. Viele gingen in die Heimatstadt zurück, andere suchten Neuland zu entdecken. Nun hieß es die Zähne zusammenbeißen und im kalten Wasser weiterschwimmen. Ich persönlich arbeitete im Bezirk Magdeburg gleich als Landärztin in einem Landambulatorium. Das möchte ich jedoch nicht weiterempfehlen, weil einem frisch gebackenen Doktor die klinische Erfahrung fehlt und die Verantwortung im Alleingang groß ist. In diesem Beruf muss man sich ständig fortbilden und Fachliteratur lesen. Sonst könnte es sein, dass manche Patienten über das Neueste besser informiert sind als der Arzt.

In der Facharztausbildung hatte ich keine Kontakte zu den Russen. Aber als Fachärztin für Allgemeinmedizin - nun in Eberswalde - in den ambulanten Sprechstunden und im Hausbesuchsdienst kam es

wieder dazu. Manchmal waren Ferienkinder als Privat-
besuch bei den sowjetischen Offiziersfamilien zu Gast,
die die Hilfe der nahegelegenen Hausarztpraxis suchten. Zumindest konnte ich fragen:

Gdje bolit? Wo schmerzt es? Sdjes? Hier? Und mit
Händen und Begleitperson konnte man sich einigen.
Musste ein Rezept geschrieben werden, setzte man in
die obere Zahlenleiste eine 5 oder 6 für den Kostenträ-
ger ein, das bedeutete sozialistisches Ausland. Denn die
Sozialversicherung der DDR hatte mit den Ländern der
Ostblockstaaten ein Abkommen und die Kosten wurden
verrechnet.

Ein einschneidendes Erlebnis hatte ich während eines
Hausbesuches. Eine Patchwork-Familie: Der Mann war
Deutschrusse und die Lebensgefährtin eine Russin aus
Leningrad (jetzt St. Petersburg). Sie war Lehrerin, die
in der hiesigen Volkshochschule Russisch unterrichtete.
Eine schöne, sympathische Frau. Ihre Mutter war zu
Besuch und diese hatte Gallensteine, die Beschwerden
bereiteten. Als ich zum Hausbesuch kam, staunte ich
über den gedeckten Tisch im Wohnzimmer mit Ku-
chen, Kaviarbroten, Kaffee und Wodka. Sahne und
Zucker nicht zu vergessen. Die Großmutter sah ich
nicht. Tochter und Schwiegersohn erzählten mir nun
von den Beschwerden der Oma. Sie wollten sie so gerne in Deutschland operieren lassen, die Gallensteine
seien lange bekannt und am Heimatort sei es schwierig,
einen guten Operateur zu finden. In meinen Augen war
alles kein großes Problem, aber sie wollten mich mit

diesem Festessen gut stimmen, um die Einweisung ins Krankenhaus zu bekommen. Wer von meinen Kollegen hätte nun die Versuchung abgewehrt und nicht schöne Torte, ein Kaviarbrot und Kaffee, und nicht zuletzt auch einen Wodka zu sich genommen? Na ja, und noch einen.

Dann ging die Tür zum Nebenzimmer etwas auf. Und nach dem zweiten Wodka wollte ich endlich zur Tat schreiten und die Omi untersuchen. Die liebe Frau, sie wartete geduldig im Nebenzimmer, war ein bisschen gelb und hatte die typischen Symptome eines Verschluss-Ikterus bei Gallensteinleiden. Aber mir war recht schwindelig zumute. Ich schrieb sehr sorgfältig die Einweisung in die Chirurgie, wünschte Alles Gute und packte meine Sachen zusammen. Auf Wiedersehen, do swidanja. Die Treppe runter und irgendwie bin ich in meiner Praxis gelandet. Nur dass ich bis heute nicht weiß, wo ich an diesem Tag mein schwarzes Stethoskop gelassen hatte. Der Chefarzt der Chirurgie sagte zu seinen Ärzten: Wir machen eine saubere Operation und reden nicht darüber. Primäre Wundheilung, keine Komplikationen. Gebessert und ohne Gallensteine reiste diese russische Frau in die Heimat zurück.

In Seminartreffen erregt diese kleine Episode immer wieder Heiterkeit.

Seit 1969 lebte und arbeitete ich in Eberswalde. Diese Kreisstadt war russische Garnisonsstadt. Es gab Kasernengebäude im Stadtteil Ostende, die 1936 in der

Hitler-Ära gebaut worden waren. Offiziere konnten jedoch in zentral gelegenen Villen wohnen oder eher am Waldrand, oder in abgegrenzten Vierteln am Stadtrand, die sogar mit Mauern umgeben wurden. Was ich selbst nicht mehr erlebte: Im Stadtzentrum war zunächst ein ganzes Viertel mit Stadtpark für Deutsche nicht mehr zugänglich, weil dort die Sowjetische Militäradministration untergebracht war, die für die Versorgung der russischen Truppen und der deutschen Bevölkerung im Kreis Eberswalde und für den staatlichen Gesundheitsschutz zuständig war. 1969 war davon nichts mehr zu sehen.

Russische Familien wohnten später in Neubaublocks im Max-Reimann-Viertel, das nach 1990 in Brandenburgisches Viertel umbenannt wurde. Von dort aus konnten Offiziere, deren Frauen und Kinder mit dem O-Bus, der bis heute umweltfreundlich in Eberswalde fährt, zum Dienst oder zur Schule kommen. Die Schülerinnen hatten schwarze Trägerröckchen an und trugen weiße Blusen, in den geflochtenen Haaren steckten weiße Schleifen. Das sah adrett aus! Sie kamen aus allen Stadtteilen nach Ostend. Dort gingen sie gemeinsam über die Straße und bewegten sich immer diszipliniert. Die Jungen waren entsprechend schwarz-weiß gekleidet. Die Offiziere waren in Uniform, deren Frauen, natürlich in Zivil, immer schick gekleidet. Vor allem benutzten sie das Russenparfüm, das nach Rosenöl duftete. Der ganze Bus duftete. Es gab ein geflügeltes Wort unter den DDR-Bürgern: Mann, du riechst ja wie ein Russenbus!

Neben einer eigenen Schule hatten die Besatzer auch eine eigene Klinik. Das Russenhospital war auf dem Gelände der ehemaligen Gropiusklinik, einer Nervenklinik im Stadtteil Nordend. Es wurde mit einer Mauer umgeben und normale DDR-Bürger konnten nicht hinein. Im hinteren Teil der Mauer befand sich der Wirtschaftseingang. Daran musste man vorbeigehen, wenn man zur Gehörlosenhilfsschule oder zum Hygiene-Institut Eberswalde wollte. Es war halt ein Militärhospital. Einige meiner Patienten, die DDR-Bürger waren, hatten ihre Arbeitsstelle dort, zum Beispiel als Küchenhilfe, Wäscherin oder Heizer. Diese Menschen konnten aus irgendeinem Grunde gut Russisch sprechen und sie verdienten gutes Geld. Sie konnten im betrieblichen „Magazin" steuerfrei einkaufen und lebten nicht schlecht. Aber sie durften über ihre Arbeit nicht reden. Die deutsche Nervenklinik wurde in den davor stehenden Villen untergebracht und in einigen älteren Klinikbauten. Es waren vermutlich Wohnhäuser der ehemaligen Klinikmitarbeiter, die nach dem Kriege leerstanden.

Nachdem am 31. August 1994 die Sowjetarmee abgezogen war, konnte das ehemalige Russenlazarett wieder rekonstruiert werden. Man tat dies unter dem Aspekt des Denkmalschutzes, denn es war ein historischer Martin-Gropius-Bau, der Mitte des 19. Jahrhunderts fertiggestellt worden war und etwa zeitgleich mit den Ruppiner Kliniken seiner Bestimmung als Nervenheilanstalt 1865 übergeben wurde.

Der Zustand, in dem sich Hauptgebäude und Nebengebäude 1994 befanden, wurde in Fotografien und Gemälden festgehalten, die in einer Ausstellung zu bestaunen sind. Sie sahen grauenvoll aus.

In jahrelanger Arbeit wurde der Martin-Gropius-Bau wunderbar unter modernen Gesichtspunkten eines Klinikbetriebes rekonstruiert und 2002 festlich seiner Bestimmung übergeben. Es zog die ehemalige Landesklinik für Neurologie und Psychiatrie ein. Jeder Mitarbeiter des Gesundheitswesens und jeder Bürger der Stadt konnte dieser Feier der Wiedereröffnung beiwohnen. Das Ministerium aus Potsdam war anwesend.

Ehemalige Ärzte, jetzt im Ruhestand, waren eingeladen und auch der ehemalige Ärztliche Leiter des Russenhospitals war aus Moskau gekommen. Die würdige Stunde fand statt in der Krankenhauskapelle, über der ein Türmchen auf dem Dach prangt, in dessen Dachstuhl ein Glöckchen hängt und zur Andacht ruft. Es wurde berichtet, dass dieser Raum für die Russen (für die Patienten und Mitarbeiter) die Turnhalle gewesen war und im Altarraum sei das Tor gewesen für die Fußballspiele. Wie pietätvoll. Nun ist er wieder Kapelle und Andachtsraum geworden. Eine Pfarrerin ist angestellt und die Andachten sind öffentlich. Das Bauprinzip von Gropius, die Symmetrie, ist eindrucksvoll wiederhergestellt. Zwischen den Häusern befinden sich überdachte, gläserne Gänge und man kann bei schlechtem

Wetter in jedes Haus trockenen Hauptes gelangen. Der Hof und die Grünanlagen sind ebenfalls symmetrisch gestaltet und sogar farblich passt die Bepflanzung mit blauen Herbstastern und voluminösen Gräsern zu den gelben und roten Klinkersteinen der Fassaden. Es gibt ein Schwimmbassin für die Physiotherapie, die eine Fußbodenheizung bekommen hat. Eine freundliche Cafeteria im Eingangsbereich des Haupthauses steht jedermann offen.

Das war ein Abstecher in die heutige Zeit.

In allen Stadtteilen von Eberswalde gab es während der DDR-Zeit sogenannte Russenmagazine. Sie dienten der Versorgung von etwa 36.000 stationierten Russen, eingerechnet ihrer Familienangehörigen. Eigentlich hieß der Betrieb HO-Spezialhandel[3], wie die zuständige Baufirma für Russenobjekte VEB Spezialbau Potsdam[4] hieß[5]. Ja, die Russenmagazine. Ich selbst ging nicht oft dorthin. Wenn ich einen „Haushaltstag" hatte (den bekam man als berufstätige Frau mit Kindern monatlich in der DDR) und meine Tochter mit mir einen Einkaufsbummel machen wollte, dann kam es schon vor.

Der Einkäufer in unserer Familie war mein Mann. Wenn es etwas Besonderes im Magazin gab, verbreitete sich die Nachricht in der Stadt wie ein Lauffeuer. Die Renner waren Bananen, Apfelsinen, grüne Heringe oder Gewürzgurken in Gläsern. Es gab dort alles zu kaufen vom Brot über Marmelade, Fleisch und Wurst, Schinken und Porzellan; Fischkonserven, russisches Konfekt und alkoholische Getränke. Für uns gab es die Delikatessen nur pro Person. Es war besser, mit vielen Personen hinzugehen. Anstehen war vorprogrammiert. Mir imponierten die gestrengen Verkäuferinnen mit ihren hohen, gestärkten weißen „Kochmützen", mit ihren stark geschminkten Kusslippen und den flinken Händen. Sie hatten keine Registrierkasse. Sie benutzten einen Abakus wie die Kinder der ersten Klasse. Ihr

großer Abakus hatte fünf hellbraune und fünf dunkel-
braune Holzkugeln auf jeder Reihe. Ruckzuck, schiebe,
schiebe, schnips, schnips, hatten sie alles ausgerechnet
und der Preis stimmte. Es waren Ehefrauen von russischen Offizieren.

DER MILITÄRFLUGPLATZ

Nicht weit von der Kreisstadt entfernt lag der Militär-
flugplatz Finowfurt. Hatten wir schönes klares Flug-
wetter, war die Flugschule aktiv. Das bedeutete für uns
im Stadtteil Westend, wir konnten uns nicht auf dem
Balkon aufhalten. Alle zwei bis drei Minuten startete
oder landete eine MIG mit dem vorderen langen Piekser
dran - war es eine Schusswaffe oder ein Zielgerät?
Nein, ein Fachmann sagte mir, es sei eine Geschwin-
digkeits-Messanlage. Der Lärm war enorm. Wenn die
Jagdbomber ihre Luftkämpfe übten, dröhnte die Luft.
Man konnte sich weder unterhalten, noch entspannen
oder Musik hören. Am besten, man fuhr hinaus an einen Badesee.

Wer an der Einflugschneise wohnte, hatte es nicht
leicht. Der letzte Teil dieser Schneise führte über
Waldgebiet. In einer langen Geraden, die zum Flugplatz führte, waren die Kiefern abgeholzt und weiß-rote
Schilder mit großen Lichtern zeigten den Flugzeugen
den Weg - auch in der Dunkelheit. Dort im Wald, kurz
vor der Landebahn, flogen die MIGs ganz tief über die
Baumwipfel und man konnte im Cockpit die Piloten
mit ihren großen Helmen erkennen. Leider lag auch das
Kreiskrankenhaus in der Einflugschneise. Heute muss
man dort mit dem Pkw 30 km/h fahren und es besteht
Hupverbot.

Eine andere Belästigung waren die regelmäßigen Rundflüge der Hubschrauber der Sowjetarmee: Donnerdonnerdonnerdonner wirbelte es über die Wohnblöcke am Stadtrand. Nun, es dauerte nicht lange, dann waren sie wieder weg.

Nach der politischen Wende wurde aus dem Flugplatz ein Museum gestaltet. Auf dem betonierten Hauptweg kann man mit einem gemieteten Elektrokarren die langen Fußwege abkürzen. Es gibt verschiedene geöffnete Hangars zu besichtigen, in denen die Militärflieger zu bestaunen sind. Zum Teil sind sie aufgeklappt, so dass man die tausenden Einzelteile, Drähte und Spiralen, Verschraubungen und Verlötungen betrachten kann. Man kann hineinsteigen und sich sehr ungemütlich fühlen bei dem schlechten Sitzkomfort neben blechernen Wänden, kann die Schalthebel bedienen ohne abzuheben. Sogar die MIG ist ausgestellt. Im Außengelände steht eine ältere AN, worin natürlich die Kinder spielen und nicht mehr herauswollen. Am Sandspielplatz steht ein Gerät für werdende Kosmonauten, nach Verriegelung kreist dieses um sich selbst, langsam oder schnell. Die Kinder können die Zentrifugalkraft spüren und testen, ob ihnen schwindelig wird. Hier sollten die Eltern daneben stehen. Auf dem Gelände sind eine Gaststätte und mehrere Imbissstände. Die Zufahrt zu diesem Flugmuseum führt über Finow oder Finowfurt.

Aber nicht nur in und um Eberswalde herum waren Russen stationiert, gleich ein paar Kilometer weiter zwischen Melchow und Biesenthal war der Wald weiträumig abgesperrt - sowjetisches Militärgelände! Der nächste Russenflugplatz war in Werneuchen.

Fürstenwalde östlich vom Berlin genoss auch das Privileg einer Garnisonsstadt - genau wie Eberswalde. Die zentrale sowjetische Militärverwaltung auf dem Gebiet der DDR residierte bei Wünsdorf südlich von Berlin, in einer Stadt im Wald, deren Gebäude und Kasernen damals direkt von der Wehrmacht übernommen worden sind.

Aus einer Kaserne, hörte man im Buschfunk, war einmal ein Soldat ausgebrochen, weil er nach Hause wollte. Jede Menge Militärfahrzeuge waren sofort in allen Richtungen unterwegs. Der arme Junge konnte nicht weit kommen. Ich hatte gerade Hausbesuchsdienst, es war ein Sonntag. Zwei Tage später berichtete der Buschfunk, hätten sie ihn wieder eingefangen, noch vor der Oder. Eine Chance zum Überleben hatte er nicht, denn es war Fahnenflucht. Der Wodka hatte ihm wohl Mut gemacht für ein nicht realisierbares Unternehmen.

Ein Wort noch zu den Militärfahrzeugen:
Fuhr unsere Familie im Sommer an die Ostsee und wir mussten mit unserem Trabant Mecklenburg durchqueren, begegneten wir oft russischen Militärkolonnen. Auf dem ersten Fahrzeug stand ein Maschinist mit einer Textilkappe im Sommer (im Winter mit einer Fellmütze) und winkte uns mit einem roten Fähnchen an den Fahrbahnrand: Anhalten! Wir mussten warten, bis die dicken LKW-Brummer mit den rot-weißen Zeichen „CA", Sowjetskaja Armia, vorbeigerattert waren: zehn

oder zwanzig oder fünfundzwanzig? Kerosin riecht so gut! Dann ging es friedlich weiter in den Urlaub. Auch hier in Odernähe konnte man so einer Kolonne begegnen.

Alle Sowjetbürger machten gerne Tauschgeschäfte. An den Garagenkomplexen der Stadt, die waldrandnah errichtet waren, kamen gelegentlich Russen in Zivil oder in Uniform aus dem Wald heraus. Sie boten zum Beispiel Tee-Samoware zum Kauf an. Auch mein Mann hat so einen elektrischen Samowar erstanden. Man musste an einem normalen Herd zunächst einen konzentrierten Teeextrakt zubereiten. Dann wurde Wasser in den Samowar gefüllt und der elektrische Stecker eingesteckt. Wenn das Wasser siedete, wurde die Kanne mit dem Teekonzentrat auf den Samowar gestellt, damit er warm blieb. Dann goss man sich erst diesen dicken Extrakt in die Teetasse und füllte mit heißem Wasser auf, das unten aus dem Hahn lief und dampfte. Bis auf wenige Male der langwierigen Teezubereitung stand der Samowar herum, bis wir ihn im „An- und Verkauf" abgegeben haben. So florierte das Geschäftsleben.

Im Stadtwald unserer Stadt fanden wir immer wieder Reste von Lagerfeuern mit Holzstümpfen als Sitzgelegenheit. Da lagen leere russische Konservenbüchsen, Zigarettenstummel, Wodkaflaschen und/oder Bierflaschen für die Nachwelt. Wer schlau war, nahm sich die Flaschen mit, denn man bekam ja 5 Pfennige beim SERO[6]-Handel pro Flasche. Für Bierflaschen sogar 30 Pfennige. Man sah auch Männer und Frauen dort gemeinsam sitzen. Sie waren froh, ihre Ruhe zu haben und sie bedrohten niemanden.

An den nicht zentral gelegenen Kaufhallen, eher am Stadtrand, sah man gelegentlich russische Soldaten stehen und etwas essen. Ich sah zum Beispiel, wie sie trockene Schrippen (Brötchen) mit der billigen Margarine „MARINA" aßen, die wir höchstens zum Braten nahmen, weil sie scheußlich schmeckte. Die armen Schlucker hatten halt Hunger und wenig Geld.

Unsere Kreisstadt liegt nicht weit von Berlin, etwa 40 Kilometer. Die Anbindung mit der Bahn war schon vor dem Kriege gut gewesen. Die alten Anzeigetafeln auf den Bahnsteigen nach Königsberg und Stettin beweisen es. Bis in die siebziger Jahre war die Strecke noch nicht elektrifiziert gewesen, aber in den achtziger Jahren kamen die elektrischen Oberleitungen. Zuvor wurden Diesellokomotiven eingesetzt. Man hörte sie, wenn man auf unserem Balkon saß, durch den Wald hindurch. Es waren die Taigatrommeln: große, schwere Maschinen, die ein enormes Getöse veranstalteten. Sie kamen aus der Sowjetunion, wie der Spitzname sagt. Fuhr eine Taigatrommel in den Bahnhof ein, war keine Unterhaltung von Mensch zu Mensch mehr möglich. Vor einer Abreise war es gut, alle wichtigen Dinge bereits besprochen zu haben. Stand man neben so einem roten Ungetüm, kam man sich sehr winzig vor. Die Lokomotivführer mussten eine eiserne Leiter hinaufkraxeln, um in ihre Kabine zu kommen. Der Motorenteil strömte eine tolle Wärme aus.

In der ersten Baureihe wurden sie ohne Schalldämpfer gebaut, man nannte sie: Stalins letzte Rache. Andere hießen „Oktoberrevolution" oder „Ludmilla".[7] Jedenfalls haben uns die Taigatrommeln einen Eindruck fürs Leben hinterlassen.

47

Im Stadtteil Westend, am Bahnübergang zum Zoo, wo damals noch ein Schrankenwärter tätig war, befand sich ein Güterbahnhof, an dem nur die Kohlen für die Russen abgeladen wurden. In einer Baracke hatten tags und nachts ein Mann oder eine Frau Wache zu halten. Dort lebten mindesten zwei schwarze, scharfe Wachhunde, die fortwährend entsetzlich bellten. Dann kam aus einer Holztür eine Frau oder ein Mann heraus und brachte die Tiere zur Raison. Es war nämlich so, dass man gleich neben dem Zaun auf einem Waldweg spazierengehen konnte. Das taten viele Menschen, denn der Eberswalder Forst ist erholsam und duftet gut. Und im Herbst gibt es Pilze. Nun ist der Kohlenhof der Russen einsam und verlassen und die Fenster schauen schwarz in die Welt.

Auf der anderen Seite der Schranke, wenige Meter nach Osten, lagen mehrere Abstellgleise. Gelegentlich standen hier überdachte Güterzüge mit russischen Soldaten an Bord für einige Tage. Diese führten ein lustiges Lotterleben, sie rauchten selbstgedrehte Zigaretten, aßen aus Konservenbüchsen, kochten auf kleinen Metallkochern. Sie sangen auch Lieder, einer spielte Akkordeon. Dann gingen sie in den angrenzenden Wald und verrichteten ihr Geschäft, hinterließen ihre Häufchen mit oder ohne Zeitungspapier aus der „Prawda" (Die Wahrheit). Bevor die Fahrt weiterging, warfen sie noch die kleinen geleerten Wodkafläschchen aus der offenen Waggontür. Kamen wir zufällig mit unserem Pudel vorbei, grüßten sie freundlich und winkten. Do Swidania!

Unsere Kinder, wenn sie klug und lernbegierig waren, konnten ab der dritten Klasse in eine besondere Schule delegiert werden, in der es so früh Russischunterricht gab. Das waren die so genannten R-Klassen. Ein Großteil dieser Schüler ging später nach der 8. Klasse auf die EOS, die Erweiterte Oberschule, um das allgemeine Abitur abzulegen. Nach der obligatorischen mittleren Reife, dem Abschluss der 10. Klasse, was der Normalfall für die DDR-Schüler war, konnte man aber auch in den Großbetrieben und deren Berufschulen einen Beruf mit Abitur erlernen.

Unsere Tochter wählte den zweiten Weg, aber unser Sohn wurde zur R-Klasse delegiert. Die Leistungen waren dementsprechend besser, aber die Klasse bestand aus sehr selbstbewussten Schülern. Man würde heute sagen, sie sind weniger teamfähig gewesen und das fand ich nicht so schön. Man weiß nicht genau als Elternteil, ob man immer das Beste für sein Kind tut. Ich bin froh, solche Entscheidungen nicht mehr treffen zu müssen. Nun, als R-Klasse machte diese nach dem Abitur eine Reise in die Sowjetunion. In Begleitung des Klassenlehrers ging die Reise nach Moskau. Mit dem Zug fuhren die Schüler erst zum Flughafen Berlin-Schönefeld und flogen von dort nach Moskau.

Natürlich besuchten sie dort den Roten Platz mit dem Leninmausoleum, fuhren mit der berühmten Moskauer Metro und sahen die wunderschönen Kirchen mit den Zwiebeltürmchen. Sie wohnten in einem Hochhaushotel namens „Molodjoschnaja" (**молодёжь** - molodjosch: auf deutsch „Jugend"), das extra für Gruppen junger Leute aus dem Ausland reserviert war.

Als unser Sohn in Dresden studierte, organisierte die Hochschule eine Fahrt nach Odessa. Das war 1986, kurz nach der Katastrophe im Atomkraftwerk Tschernobyl. Die Studenten fuhren mit dem D-Zug in Schlafwagenabteilen durch Polen, bis zur sowjetischen Grenze. Dort in Bresk wurden mitten in der Nacht die Unterteile der Waggons ausgetauscht gegen einen breiteren Radkasten, weil Russland eine größere Schienen-Spurweite hat. Von Kiew fuhren sie dann in einem normalen Personenzug bis Odessa am Schwarzen Meer. In diesem Zug fragte unser Sohn einen Herrn, wie sich das Leben nach der Tschernobyl-Havarie abspiele - auf Russisch natürlich. Dieser antwortete sogleich: **Всё нормально!** Wsjo normalno! Alles normal! Seitdem ist bei uns das geflügelte Wort, wenn alles drunter und drüber geht und nichts mehr funktioniert: Wsjo normalno!!

In Odessa hatten die Studenten eine Woche Zeit, um sich am Strand zu erholen und die Stadt zu besichtigen. Dort holte sich unser Sohn einen tüchtigen Sonnenbrand. Außerdem verliebte er sich in ein russisches, bildhübsches eineiiges Zwillingspärchen, das in Odessa studierte und das die Gruppe betreute. Dank seiner guten Russischkenntnisse konnte er sich mit den beiden unterhalten. Er konnte sich nicht für ein Mädchen entscheiden, also verliebte er sich in beide. Später führte er einige Monate einen freundschaftlichen Briefwechsel, der von den Schulen in der DDR tatsächlich erwünscht war. Es verlief jedoch alles im Sande, was ich als Mutter sehr begrüßt habe.

In Odessa schliefen die Hochschüler in einem Studentenwohnheim. Unser Sohn hatte das „Glück", mit einer Armee von Kakerlaken im Zimmer untergebracht zu sein. Von einem Schock zum anderen! Aber er konnte das Zimmer wechseln und das war (fast) kakerlakenfrei. An meinem Arbeitsplatz in einer Stelle des Gesundheitswesens mussten auch mehrmals die Kammerjäger kommen. Aber die reizenden Tierchen machten sich nicht allzuviel daraus. Ich konnte eine Technik entwickeln, mit dem Schuh die dicken weiblichen, eiertragenden Kakis zu erlegen.

Nach Odessa konnten sich die Studenten noch vier Tage in Kiew aufhalten. An einem Tag fuhren sie mit der Eisenbahn nach Moldawien (wo heute die Amtssprache Rumänisch ist), in die Hauptstadt Kischinjow, heute Chisinau. Auf der Zugfahrt dorthin starrten die Mitreisenden den Sohn an, der von dem Kakerlaken-Ekel einen schlimmen Lippenherpes bekommen hatte. Auch in Kiew dachten die Menschen, ein erstes Strahlenopfer vor sich zu sehen. In der ukrainischen Hauptstadt waren Schutzmaßnahmen für die Bevölkerung ergriffen worden gegen die radioaktive Strahlung. Zum Beispiel wurden die Straßenbahnen und Bürgersteige mit Wasser abgesprüht, besonders vor den Kaufhäusern. Die Grünflächen waren mit Schildern bestückt, auf denen zu lesen war: Das Betreten der Rasenflächen ist untersagt wegen der Gefahr radioaktiver Kontamination. Und man sollte sich immer gut waschen, besonders Hände und das Gesicht. In Kiew jwd (janz weit draußen), nach einer weiten Bustour durch die Stadt, konnte sich mein Sohn Federballschläger aus Leichtmetall kaufen, die es in der DDR nicht gab. Er betrieb diesen Sport aktiv.

Die Reisen in die UdSSR (Union der Sozialistischen Sowjetrepubliken) waren streng organisierte und durchgeplante Reisen, von denen es keine Abweichungen geben durfte. Das merkten auch mein Mann und ich, als wir uns eine Reise nach Jalta auf die Halbinsel Krim genehmigten. Die Kinder gingen beide zur Schule und die Schwiegermutter stand noch zur Verfügung für deren Betreuung. So konnten mein Mann und ich im März 1979 eine Auslandsreise planen. Wir hatten diese Erfahrung gemeinsam noch nicht gemacht und nun sollte es sein.

DIE REISE AUF DIE KRIM

Manche Freunde sagten zu mir, dieses Kapitel komme vom Thema ab: Nicht die Russen sind hierher gekommen, sondern Du bist hingefahren!

Nun, wir konnten auf die Krim fahren, weil es durch das Reiseabkommen der DDR mit der Sowjetunion möglich wurde. Es war keine freie, individuelle Reise. Wären wir der organisierten Reisegruppe nicht treu geblieben und hätten uns selbstständig gemacht, hätte man sofort die Miliz hinter uns hergeschickt. Wir hätten nirgendwo Geld eintauschen und nirgendwo bleiben können. Ich möchte es so ausdrücken: Die Russen sind uns mit dieser Reisemöglichkeit im beschränkten Rahmen entgegengekommen. Alle ausländischen Touristen wurden streng überwacht.

Eine Auslandsreise war nur in das sozialistische Ausland möglich. Sie gehörte zu den Erfahrungen eines DDR-Bürgers. Wir hatten sie noch nicht gemacht und wollten natürlich auch gen Osten fahren, gen Westen war nicht möglich. Neben Ungarn, Bulgarien und der ČSSR (Rumänien in der Regel nicht) konnte man eine Reise in die Sowjetunion buchen. Wir beschlossen auf die Krim, nach Jalta, zu fliegen.

Falls es jemand nicht weiß: Die Krim ist eine Halbinsel im Schwarzen Meer. Sie ist ca. 27 000 Quadratkilometer groß und sie trennt das Asowsche Meer vom Schwarzen Meer. Die Hauptstadt Simferopol hat über zwei Millionen Einwohner und einen Flughafen. Der Norden der Halbinsel besteht aus Steppenland. Das Jaila-Gebirge im Süden ist bis zu 1545 Meter hoch. An dessen Südhängen gedeihen Oliven, Wein und Südfrüchte.[8] Auf dem Gebiet der Ukraine münden in das Schwarze Meer die Flüsse Dnjestr, Bug und Dnjepr; in das Asowsche Meer münden der Don mit seinen Nebenflüssen Donez und Manytsch. In dieser Region waren Stauseen gebaut worden.

Unser Flug ging von Berlin-Schönefeld über Kiew und Simferopol nach Jalta. Vom Flughafen aus ging es mit dem elektrischen O-Bus (mein Mann sagte im Bus: „Strom haben die Russen genug.") zum Hotel Jalta am Schwarzen Meer. Es war das größte und modernste Hotel im Badeort. Schon die Busfahrt eröffnete uns einen weitreichenden Blick auf die Küste und bis weit auf das Schwarze Meer. Die Straße war breit und gut asphaltiert, die Sonne schien und die Urlaubsstimmung stellte sich sofort ein. Die Zypressen, Zedern und andere mediterrane Gehölze machten uns glauben, am Mittelmeer zu sein.

Die Koffer waren schon im Hotel und wir spazierten mit dem Handgepäck unter Führung unserer Reiseleiterin vom Zentrum der Hafenstadt ein wenig bergan bis ins Quartier. In der Stadt wurden wir sofort von Kindern angebettelt um GUMMI. „Gummi, Gummi". Gemeint waren Kaugummis, die wir leider nicht hatten. Darauf waren wir nicht vorbereitet.

In der Hotellobby wurden wir auf das Freundlichste empfangen. Die Chefin konnte sogar ihre Ansprache auf Deutsch halten. Zur Begrüßung gab es einen Reisschnaps. Aromatisch und scharf. Einmal sich schütteln. Das Zweibettzimmer war gut, aber nicht sehr gut. Eine Steckdose, an der ich gerne meinen Haarfön angeschlossen hätte, war ohne Strom. Nach Beanstandung

wurde sie sofort repariert. Um den Elektriker zu bekommen, sagte ich zu der Hoteldame: „Poschaluista
idti w komnatje" (Bitte kommen Sie mit in das Zimmer) und zeigte ihr die defekte Steckdose. Sofort machte die Runde, ich könne perfekt Russisch sprechen.
Doch das stimmte nicht, ich verstand nicht, was die
Frauen auf Russisch sagten. Man glaubte mir nicht und
ich war nun verdächtig. Es begleitete unsere Reisegruppe nämlich eine suspekte, kapriziöse Dame mit
ihrem suspekten Galan. Wir wussten es ganz sicher, das
war die STASI! Es störte uns nicht, denn wir waren
brave DDR-Bürger.

Der Strand von Jalta ist steinig. Wir reisten im März und einige russische Bürger lagen in ihren Badeanzügen schon auf den bereitstehenden Holzpritschen in der Sonne. Eine Sauna war direkt am Strand und sie konnten zum Abkühlen in das Meer springen. Niemand von uns machte es nach. Wir hatten unser festes Programm, das wir gerne einhalten wollten.

Im Interhotel JALTA gab es zwölf Stockwerke, ganz oben fand sich eine Cocktailbar, in der man mit Dollar zahlen konnte. Für uns war sie nicht bezahlbar. Ein Stockwerk tiefer befand sich ein Souvenirgeschäft, wo es zum Beispiel Postkarten und Matroschkas, die ineinandergesteckten buntlackierten Holzpüppchen, und die ebenso gestalteten Holzlöffel in bunten und schwarz-goldenen Farben gab. Wir konnten diese preiswerter in der Hafenstadt an einem Kiosk kaufen. In der zehnten Etage befand sich ein großer Theater- oder Konzertsaal, den wir zum Abschied betreten konnten. In der ersten Etage befand sich der überdimensional große Speisesaal, in dem es alle Mahlzeiten gab. Im Parterre lag naturgemäß das Schwimmbad mit geheiztem Meerwasser. Unter einer Plastikplane konnte man hinaus ins Freie schwimmen in ein weites Schwimmbassin. Die Außentemperaturen waren im März noch kühl und darum dampfte das Wasser. Dieser salzhaltige Dampf war sehr angenehm für die Atemwege. Mehrmals waren wir dort baden. Es gab noch andere Angebote der Physiotherapie, die wir aber nicht in Anspruch genommen haben.

Bevor man überhaupt baden gehen durfte, wurde man vom Hotelarzt untersucht. Vor allem musste man die Füße zeigen. Der dicke Kollege mit einer hohen turmförmigen weißen Mütze, mit einem hinten zu schließenden Kittel und einem gebundenen Stoffgürtel, einer meiner Meinung nach sehr unvorteilhaften Kleidung für seine Statur, kontrollierte auf Fußpilzerkrankungen. Sehr streng war er aber nicht. Wenn manche Leute versprachen, die Füße noch ein paar Tage zu behandeln, dann durften sie auch später das Bad benutzen. Neben den Reisegruppen waren außerdem russische Urlauber und Kurgäste im Hotel untergebracht.

Etwas oberhalb der Kurstadt Jalta - rings um das Schwarze Meer sind Gebirge mit steil und schroff abfallenden Wänden gelegen - wurde ein sehr schöner Botanischer Garten gepflegt, den wir in jeder Stunde unserer Freizeit besuchen konnten. Dort blühten schon im März die Rhododendren, die Wege waren gewunden und verschlungen, so dass sich ständig neue grüne und blühende Ausblicke ergaben. Zypressen wechselten mit Laubbäumen aus aller Welt, mit Büschen und Zierkirschen. Tulpenbeete in allen Farben fanden sich im gepflegten Rasen. Es standen alte Eichen und Linden neben Zedern und Zypressen; Wegweiser sorgten dafür, dass man den Ausgang wieder fand. Was mich beeindruckte, war, dass die Luft unter einer Libanon-Zeder so rein sein sollte wie in einem Operationssaal. Und tatsächlich konnte man einen frischen, aromatischen Duft wahrnehmen. Die originellen großen Zedernzapfen haben wir als Souvenir mit nach Hause gebracht.

Im Hafenviertel gab es Kioske, an denen wir Pelmeni (mit Fleisch gefüllte Nudelteigtäschchen) mit Smetana (saurer Sahne) essen konnten und es schmeckte uns sehr. Gleich kaufte ich eine Pelmeni-Kelle, die einen löcherigen Boden hat, und nahm diese mit nach Hause. Bis heute essen wir gerne original russische Pelmeni mit gewürztem Kefir oder saurer Sahne. Das ist ein Gaumenschmaus, denn die Fleischfüllung der Pelmeni ist dezent mit Knoblauch gewürzt, das lieben wir. Die Pelmeni kann man bei uns tiefgefroren kaufen. Zum Beispiel im Kaufland.

Kennst du, lieber Leser, den Spielfilm „Ich war neunzehn" mit Jaecki Schwarz in der Hauptrolle, unter der Regie von Konrad Wolf? Es ist ein Schwarz-Weiß-Film, der die letzten Kämpfe südwestlich von Berlin beschreibt, wo noch regierungstreue Nazis sich in Bunkern verschanzt hatten, nicht wussten, dass der Führer schon tot war und sie endlich den Russen im Kampf unterlegen waren. Nachdem in der Russenunterkunft, einem leerstehenden Bauernhaus, Ruhe eingekehrt war, feierten die Sieger auf ihre Art das Ende des Zweiten Weltkrieges. Sie bereiteten nämlich Pelmeni zu, nachdem sie die Zutaten zusammenbekommen hatten. Auf einem langen Holztisch wurde die Teigmasse aus Wasser und Mehl zusammengeknetet und ausgerollt, dann wurden die Formen ausgeschnitten, mit gehacktem Fleisch gefüllt und die Kanten sauber zusammengedrückt. Danach wurden sie in kochendes Wasser gelegt, kurz gegart und frisch aufgetragen. Dazu gab es Wodka und Akkordeonmusik. Der Gesang der Soldaten tönte durch die Nacht und man konnte die Erleichterung als Zuschauer mitfühlen.

Aber zurück nach Jalta auf der Krim.

Vom Hafen aus in Richtung Süden begann die breite Kurpromenade. Nachmittags bis in die Nacht hinein war hier reger Betrieb. Je später der Abend, desto schöner die Gäste. Es flanierten Familien mit Kindern, Damen und Herren, Offiziere mit ihren schönen Frauen, Pärchen aller Art und Touristen. Auch wir spazierten zwischen Meer, gusseisernen Laternen und hell erleuchteten Schaufenstern entlang. Es gab Eis zu kaufen: Moroschenoje (Gefrorenes). Es schmeckte. Auch das Moskauer Eis, das es in der DDR zu kaufen gab, war sehr gut. Damals hingen noch keine Fähnchen von Mövenpick oder Schöller so wie heute. Heute wehen sie auf der ganzen Welt. Aber damals gab es nur Moroschenoje. Und das war gut so. Auf der Kurpromenade von Jalta konnte man zum Beispiel den Uhrmachern bei der Arbeit zusehen, denn sie saßen im Schaufenster. Nach 21 Uhr gab es einen Aufschwung im Geschäftsleben. Gaststätten, Kaufhallen, Textilgeschäfte und Frisiersalons hatten geöffnet bis weit nach 22 Uhr. Und die Kinder waren immer dabei. Solange konnten wir nicht bleiben, wir sollten nach 22 Uhr im Hotel sein.

Vom Hotel aus in Richtung Südwesten konnte man einen hohen, mit Schnee bedeckten Berg sehen, den „Al Petri". An einem Tag war eine Busfahrt in dessen Nähe organisiert. Zuvor aber ging es nach Liwadija, einem Kurbad südöstlich von Jalta. Dort hatte 1945 die Krimkonferenz der Großmächte stattgefunden. Wir stiegen nach dem Frühstück in den nicht mehr neuen Bus. Bei sonnigem Wetter nahm der Fahrer Kurs auf die asphaltierte Küstenstraße, die fast nur aus Windungen und Kurven bestand. Über uns drohten die Steilhänge und tief unten glitzerte das Meer. Der Fahrer des Reisebusses, dessen vertraute Umgebung es war, fuhr in rasantem Tempo mit uns ängstlichen Touristen dahin. Nach etwa vierzig Minuten Angst und Zähneklappern waren wir in Liwadija. Man zeigte uns die schönen Sanatorien, wo die Bergarbeiter aus dem Donezk und Stahlarbeiter sich erholen konnten. Im Gegensatz zu früher, als noch die Kliniken den Reichen und Fabrikbesitzern vorbehalten waren. Es sprach Irina, unsere russische Reisebegleiterin. Dann bogen wir von der Straße ab und kamen auf ein Grundstück am Meer. In den Hang gebaut, auf einem Plateau, stand das schneeweiße Schloss Liwadija, eingerahmt von großen Platanen. Ein gepflegter Garten ohne einen Menschen darin umgab das Schloss. Irina läutete an der goldenen und blank geputzten Klingel, worauf die massive braune Holztür geöffnet wurde. Nun wurden wir in das wohltemperierte Haus eingelassen und konnten den Saal betrachten, nicht betreten, in dem Roosevelt, Churchill und Stalin im Februar 1945 verhandelt hatten. Sie einigten sich hier über die Aufteilung Deutschlands in Besatzungszonen und über die polnische Ostgrenze, über die Bildung einer demokratischen Regierung für Polen und über die Grundlagen der UNO.[9] Der Saal war holzgetäfelt und um einen braunen, blank geputzten Holztisch standen massive Stühle, an den Wänden noch einige Sessel. Es war ein solider, schmuckloser Raum. Wir standen an der Tür hinter der dicken roten Kordel und bestaunten ihn.

Dann ging am gleichen Tag die Fahrt zurück auf dieser Küstenstraße mit Herzklopfen kostenlos. Bald bog der Fahrer in Richtung Al Petri ab. Zuerst bestaunten wir den Wasserfall, der 'zig Meter hoch aus dem Gebirge kam. Dann ging die Fahrt noch etwas weiter bis zur so genannten Märchenwiese. Hier waren mannshohe hölzerne russische Märchenfiguren aufgebaut. Da sie im Sommer und Winter dort standen, waren sie schon etwas ausgelaugt, aber doch eindrucksvoll. Hexen wie die alte Baba Jaga, zarte Mädchen, Prinzen und die Gestalten aus Puschkins „Märchen von der toten Zarentochter und den sieben Recken" sahen mächtig und zum Fürchten aus. Baumreliefs waren aus mächtigen Stämmen geschnitzt. Eulen saßen darin. Alles zusammen beeindruckte uns schon. Wir wollten aber mit Irina über die unserer Meinung nach zu tolle Busfahrerei sprechen. Irina beruhigte uns, denn der Busfahrer sei ausgezeichnet. Aber ich fragte sie noch, ob der Bus auch ausgezeichnet sei. Daraufhin gab sie nach und führte ein Gespräch mit dem Fahrer. Wir hatten alle unsere Kinder und Familien zu Hause und wollten heil zurückkommen. Tatsächlich und siehe da, auf der Rückfahrt fuhr der Fahrer ruhig und besonnen und wir konnten uns sicherer fühlen.

An einem anderen Tag konnten wir mit einem Schiff über das Schwarze Meer fahren bis hin zum Schlösschen Schwalbennest. Das hieß so, weil es hoch oben auf einem Felsen gebaut war und klebte an ihm, wie ein Schwalbennest an einer Mauer. Hier oben in luftiger Höhe hatte Maxim Gorki, der russische Schriftsteller, einige Monate gelebt, um seine Tuberkulose auszukurieren, wurde uns gesagt. Wir freuten uns auf diesen Ausflug. Zu Fuß gingen wir zum Hafen und warteten an der Schiffsanlegestelle. Erst musste ein Schiff ankommen von der Rückfahrt. Wir waren die zweite Reisegruppe an diesem Tag. Das vollbesetzte Schiff legte am Pier an und die wartenden Reisegäste versperrten sozusagen den Ausstieg, der auch Einstieg sein sollte. Von hinten drängelte es sogar, während noch Touristen ausstiegen. Nun sollte es losgehen. Wir wurden abgezählt: soviel Köpfe, soviel Fahrkarten. Vor mir stand eine grau-blonde Dame in den Fünfzigern mit Handtasche und Fotoapparat. Plötzlich bekam ich einen Schubs von hinten und prallte unweigerlich an diese Frau. Im Nu war sie weg und Wasser spritzte auf. Sie tauchte wieder auf zwischen Kaimauer und Schiff und die Brille saß noch auf der Nase. Vier oder sechs kräftige Männerarme reichten ihr die Hände und zogen sie aus dem Wasser. Auf das Schiff! Und sie hinterließ eine nasse Spur, als sie zu einer Fensterbank ging und sich hinsetzte. Sie wollte unbedingt mitfahren zum Schwalbenschlösschen. Die Garderobe, der Fotoapparat, Handtasche mit Inhalt, alles war nass und hinüber. Nur die Brille nicht. Man konnte sie überzeugen, dass sie zurückfuhr zum Hotel, wo sich das Personal um sie kümmerte. Sie hatte keinen gesundheitlichen Schaden genommen.

Nachdem wir das kleine Schlösschen hoch oben auf dem Felsen besichtigt hatten, nach der Schifffahrt über das bewegte Schwarze Meer wieder in den Hafen von Jalta einliefen, herrschte dort eine vorbildliche Ordnung. Die neuen Fahrgäste waren mit einem Seil zurückgehalten und zum Aussteigen war viel Platz. Ein hölzerner Steg wurde vom Schiff auf das Hafenpflaster gelegt, so dass wir sicheren Fußes an Land gehen konnten. Jetzt war aus der Fahrlässigkeit plötzlich die berühmte BASSOW-Methode geworden. Das heißt, alle Arbeitsbedingungen waren so gestaltet, dass ein Unfall ausgeschlossen werden konnte. BASSOW war ein sowjetischer Ingenieur in einem Großbetrieb, der jeden Morgen durch seine Abteilung ging, um Unfallquellen wegräumen zu lassen. Seine Abteilung arbeitete jahrzehntelang unfallfrei. So können wir doch immer wieder von den Russen lernen! In meiner ärztlichen Ausbildung in der Arbeitsmedizin hatte ich nämlich von dieser Methode gehört. Leider auch immer wieder, dass es die Russen nicht so genau nähmen mit der Arbeitssicherheit. Einige von unserer Gruppe wollten auch die Schwarzmeerdelphine gesehen haben, mein Mann und ich leider nicht.

An einem Tag wurden wir nach Massandra gefahren, das in der Nähe von Jalta liegt, aber in einer höheren Lage. Dort wurde Wein angebaut und verarbeitet und der herrliche rote Krimsekt hergestellt. Der Wein lagert in großen hölzernen Eichenfässern, um zu reifen. In Massandra war eine Weinprobe organisiert und wir probten mehrere Weißweine und Rotweine in dem großen, höhlenförmig in den Berg gebauten Weinlager. Auch eine Art von Tokaier, der den würzigen herben Holzgeschmack neben der Süße angenommen hatte.

Nun, der Krimsekt sollte der Höhepunkt am Ende sein. Aber Sekt ist Geschmackssache. Das Kribbeln mag nicht jeder, ich auch nicht. Jedenfalls hatten alle einen Schwips, der zwischendurch gereichte Käse hat uns nicht davor bewahrt.

In dem sehr großen Hotelrestaurant wurde das Frühstück eingenommen. Wenn wir morgens eintraten, waren die Tische bereits gedeckt und die Serviererinnen warteten mit den heißen Getränken, Kaffee (Kava) oder Tee (Tschai) oder Milch (Moloko) für die Kinder. Es waren nicht viele Kinder dabei. Eines Morgens traten wir zum Frühstück ein, und ein unerwartet strenger aromatischer Duft schlug uns entgegen: Knoblauch, das Nationalgewürz der Russen! Auf jedem Tisch eine riesige Schüssel mit Quark und obendrauf waren fein geschnittene Knoblauchstückchen gestreut. Aus dieser Schüssel konnten sich alle am Tisch Sitzenden bedienen und das waren in der Regel sechs Personen. Ich versuchte nur, immer mit dem Löffel unter dem Knoblauch hindurchzukommen, um nicht den ganzen Tag mit einer Knoblauchfahne herumzulaufen. Es war ein Eindruck fürs Leben!

An einem der letzten Abende fand ein Konzert statt. Das Kammerorchester des Bolschoi-Theaters Moskau gastierte mit einem Serenadenkonzert. Der Eintrittspreis war erschwinglich, ich glaube, es hatte zehn Rubel gekostet. Ich kaufte die Karten. So bequem kam man nicht wieder zu einem Kunstgenuss. Wir machten uns frisch und zogen uns festlich an. Wir brauchten nur mit dem Fahrstuhl in den zehnten Stock hinaufzufahren und in den Festsaal einzutreten. Die Plätze waren frei, wir konnten uns vorne hinsetzen oder in die hinteren Reihen. Wir setzten uns auf die mit dunkelblauem Samt bezogenen Polstersessel und stimmten uns ein. Es wurde ein wunderbares Konzert. Die Streicher spielten natürlich fehlerfrei und wohltemperiert. Erinnerlich ist mir die Mozartsche Nachtmusik und das herzzerreißende „Ave Maria" von Franz Schubert. Die Musiker erhielten reichlich Applaus. Das allerletzte Stück hieß:

Schlafe mein Prinzchen, schlaf ein!
Es ruh'n Schäfchen und Vögelchen nun,
Garten und Wiese verstummt,
auch nicht ein Bienchen mehr summt.

Luna mit silbernem Schein
blicket zum Fenster herein.
Schlafe, mein Prinzchen, schlaf ein.
Schlaf ein, schlaf ein![10]

Jeder der Streicher hatte an seinem Notenpult eine Kerze angezündet. Dann ging das Oberlicht im Saal aus, die Stimmung war sehr ruhig und sensibel. Bei jeder neuen Liedzeile wurde eine Kerze auf der Bühne gelöscht bis zum letzten Geigenstrich. Da war es völlig dunkel. Man konnte es nicht sehen, aber spüren, wie die Tränen über die Gesichter liefen. Meine liefen auch, denn unsere Prinzenkinder waren weit entfernt von uns. Es war ein unvergessliches Konzert.

Am vorletzten Abend waren wir zu einem Sieben-Gänge-Menü geladen. Voller Erwartung machten wir uns fein und setzten uns gespannt im Speisesaal auf unsere Plätze. Es spielte sogar eine kleine Kapelle. Um neunzehn Uhr sollte es losgehen, aber es dauerte noch ein wenig. Dann kam ein Aperitif für jeden. Das war schon einmal nicht schlecht. Anschließend gab es ein belegtes Schnittchen mit Anchovis. Auch gut. Dann kam das Hauptgericht mit Schweinebraten und Gemüse, und als Nachspeise kam ein Fruchtquark. Ein Glas Krimwein, ein Stück Konfekt und ein schönes Glas Wasser rundeten den Abend ab. Plötzlich hörte die Kapelle auf, zu spielen, es war einundzwanzig Uhr. Verwundert schauten wir Irina, unsere nette Reiseleiterin, an. „Nun ist Ende" sagte sie und verabschiedete sich. Haben Sie mitgezählt? Es waren genau sieben Gänge.

Angeheitert und nicht übermäßig satt begaben wir uns diszipliniert auf unsere Zimmer. Alles hat seine Grenzen, auch die Gastfreundschaft.

Am letzten Tag konnten wir uns die Zeit einteilen, Koffer packen, auf der Promenade spazieren gehen, schwimmen im Hotel oder tun, was wir wollten.

Nach Sewastopol durfte niemand fahren, denn es war Militärsperrgebiet. Man kann heute sehen, dass dort ein im Berg gelegener U-Boot-Hafen war und Militärmarinegebiet, das heute sogar besichtigt werden kann. Außerdem hat die Jugend die Uferzone für Diskotheken erobert. Die jungen wilden Russen tummeln sich dort. McDonalds und Mövenpick wechseln sich mit anderen Bars ab. Wie es mit Drogen ist, kann man nur ahnen. Auch nach Bachtschissarai, einem im Inselinneren gelegenen, kulturvollen, dem Türkischen angelehnten Ort, durfte niemand fahren. Die Bewohner sollen nicht staatstreu gesonnen gewesen sein und schon revoltiert haben (auf die Krimtataren komme ich später zurück). Vertrauen ist gut - Kontrolle ist besser. So war es auch im Sozialismus.

Wir hatten eine schöne Reise, waren gut erholt und hatten einen Eindruck von Zucht und Ordnung in einem russischen Land kennengelernt. Unsere Kinder und Angehörigen haben wir wohlbehalten wiedergesehen und die Arbeit wartete auf uns.

Erwähnen möchte ich noch das Pionierlager ARTEK am Schwarzen Meer, das es bis heute auf der Krim gibt. Damals konnten besonders fleißige und engagierte sowjetische Jungpioniere sich in den Sommerferien dort erholen. Das Lagerleben war streng organisiert mit Fahnenappell morgens und Leben in Gruppen, Mädchen und Jungen getrennt, fast militärisch. Jedoch war es eine Auszeichnung für diese Kinder, nach Artek fahren zu dürfen. In einer TV-Sendung sah ich jetzt, dass die Zustände sich gelockert haben, manche Kinder waren auch dort, weil die Eltern die Reise bezahlen konnten. Trotzdem waren die Jugendlichen stolz, in ARTEK zu sein.

Auf der Krim, nahe Jalta, gab es ein Filmstudio, in dem sehr gute Kinderfilme in Farbe gedreht wurden. Dieses Studio gab es bereits 1920. Es entstand aus einer Schlossanlage, die Anfang des neunzehnten Jahrhunderts einem Zarensohn gehörte. Der Kronprinz und seine deutsche Prinzessin hatten sie vom Zaren geschenkt bekommen. Der Kronsohn hatte sehr viele Umbauwünsche, die jedoch nicht realisiert werden konnten. Der unvollendete Bau wurde Ende der 1890er Jahre als Filmstudio eingerichtet (Rusfilm). Etwa 1919 stieg hier Metro-Goldwyn-Meyer ein und nutzte es für seine Zwecke. Seit Bestehen der Sowjetunion aber entstanden sowjetische Filme wie „Ein Sechstel der Erde", „Vorwärts, Sowjet!" und „Drei Lieder über Lenin", nach dem zweiten Weltkrieg die schönsten Märchenfilme, wie zum Beispiel: „Die Schneekönigin".[11]

Wir hatten eine sozialistische Sowjetrepublik besucht. Aber streng genommen waren wir in der Ukraine gewesen, in dem Land, aus dem die beiden Klitschko-Boxerbrüder gekommen sind.

Russland und die Ukraine sind sich gar nicht grün, auch heute nicht. Am 27. April 2010 wurde in Kiew, der ukrainischen Hauptstadt, im Parlament ein Flotten- und Gasabkommen ratifiziert. Am gleichen Tag billigte die russische Duma, das Unterhaus, das gleiche Abkommen. Hierin wurde vereinbart, dass die Ukraine bis zu 40 Milliarden Dollar Gasrabatte bekommt. Im Gegenzug wurde der russischen Schwarzmeerflotte die Nutzung des Kriegshafens Sewastopol an der Ostküste der Krim bis maximal zum Jahre 2047 versprochen. Das bedeutet eine Verlängerung des Pachtvertrages um vierzig Jahre, den die Ukrainer so nicht wollten. Die Ukrainer nennen das Verrat. Die Gegenspieler sind Putin und Julia Timoschenko.[12]

Politiker möchte ich nicht sein.

DIE RUSSLANDDEUTSCHEN

Viel hatte ich vor 1995 nicht gehört von Russlanddeutschen. Aber sie hatten eine lange Vorgeschichte, ehe
die Nachkommen dieser Menschen wieder nach
Deutschland einreisen durften.

Wir hatten im Geschichtsunterricht nie etwas von
ihnen gehört, in der ganzen DDR-Ära nichts.

Nach der Wende 1989/90 und der Glasnost-Aktion
von Präsident Gorbatschow konnten Russlanddeutsche
den Ausreiseantrag aus der Sowjetunion stellen. Nach
1990 Ausgesiedelte nennt man Spätaussiedler. Wie die
Migranten aus anderen Ländern, wie Afrikaner oder
Vietnamesen, versuchen diese Menschen unauffällig in
Deutschland zu leben. Sie leben zurückgezogen und
brauchen eine längere Zeit, um anzukommen. Das Erlernen der deutschen Sprache stellt ein riesiges Problem
für sie dar. Dem Papier nach sind sie sofort Deutsche,
bei Beginn ihres Hierseins bekommen sie die deutsche
Staatsbürgerschaft. Aber Deutsche nehmen sie als
Fremde wahr. Es ist auch ein Mangel der Integrations-
politik, ihnen nicht Chancengleichheit und bürger-
schaftliche Mitverantwortung zu übertragen. Ohne
diese erreichen sie keine Konfliktfähigkeit. Von Arbeitslosigkeit sind die Migranten extrem hoch betroffen.

„Die Vorfahren der Aussiedler nach Russland folgten 1763 einem Manifest der Zarin Katharina II., das Aussiedler mit dem Versprechen von Privilegien nach Russland rief. Einwanderer vor allem aus Südwest- und Süddeutschland kamen in das Wolga- und Schwarzmeergebiet, aber auch in den Kaukasus und nach Westsibirien. Von Anfang an waren die Einwanderer bestrebt, in den selbstverwalteten deutschen Dörfern ihre nationale Identität zu bewahren."[13]

Die zuerkannten Privilegien - gedacht auf ewige Zeiten - wurden mit der Gründung des Deutschen Reiches 1871 wieder aufgehoben. Zwischen 1918 und 1938 lebten die deutschen Aussiedler/innen in der „Autonomen Sozialistischen Sowjetrepublik der Wolgadeutschen". Sie waren beteiligt an einem wirtschaftlichen und kulturellen Aufschwung. Nach Ausbruch des Krieges mit Deutschland wurden sie nach Zentralasien und Westsibirien verschleppt; etwa 300 000 Männer, Frauen und Kinder kamen unter menschenunwürdigen Umständen ums Leben. 1955 beschloss der Oberste Sowjet die Aufhebung der beschränkten Rechtsstellung der Deutschen, weil die Regierungen in Moskau und Bonn diplomatische Beziehungen aufnahmen. 1964 wurden die Russlanddeutschen vom Verdacht auf Verrat gegenüber den russischen Truppen während des Krieges befreit und rehabilitiert. Ab 1987 wurden die Ein- und Ausreisebedingungen und Familienzusammenführungen großzügiger behandelt, aber die Russlanddeutschen waren eine Randgruppe der sowjetischen Gesellschaft.

Sie mussten zum Beispiel ihre deutsche Muttersprache verdrängen. Manche sprachen Russisch, Deutsch, Kasachisch oder Aserbaidschanisch. Trotzdem fühlten sie sich als Deutsche.[14] Zuerst konnten die Familien, die östlich des Urals wohnten, wieder in westliche Sowjetrepubliken zurücksiedeln. Wenn diese nach Deutschland zurückwollten, war dies mit langwierigen Genehmigungsverfahren verbunden.

Ihre über Jahrhunderte bewahrten Bräuche, Lieder und Mundarten können sehr zur kulturellen Vielfalt in Deutschland beitragen.

Die ersten Russlanddeutschen, jetzt aber deutsche Bürger, kamen als Patienten in meine Hausarztpraxis ab 1995. Verwundert hörte ich ihre singenden, slawisch klingenden, deutschen Schilderungen ihrer Beschwerden und andere Anliegen. Ich musste sehr aufpassen, damit ich sie nicht missverstand. Zeitdruck war bei ihnen nicht angebracht, wir Ärzte mussten uns schon die Zeit nehmen und sehr genau zuhören, um keine Fehler zu machen. Die meisten kamen aus der Kasachischen Republik mit der damaligen Hauptstadt und Universitätsstadt Alma Ata (Vater der Äpfel), die jetzt Almaty heißt, weiterhin aus der Armenischen Republik mit der Hauptstadt Jerewan und der Kirgisischen Republik mit der Hauptstadt Bischkek, den zentralasiatischen Ländern. Übrigens: Wer kennt nicht den Sender Jerewan? In der DDR kursierten sehr gute Witze über die Zukunft des Landes mit Fragen an den Sender Jerewan. *„Ist es möglich, die DDR mit einer Atombombe zu vernichten? Antwort vom Sender Jerewan: Im Prinzip ja, aber es genügen drei Tage strenger Frost!"* ... und viele andere mehr.

Jeder einzelne russlanddeutsche Patient, der älter als dreißig Jahre alt war, machte einen psychisch kranken Eindruck. Es war für jeden Einzelnen eine große Hürde und Anstrengung, einen Hausarzt seines Vertrauens zu finden, um mit diesem über seine Probleme zu sprechen.

Eine Familie kam zum Beispiel aus Armenien, aus Jerewan. Der Vater war in Jerewan Architekt gewesen und die Mutter Kinderärztin, die beiden bildhübschen Kinder gingen zur Schule. Die Eltern konnten hier beide nicht in ihrem Beruf arbeiten, weil die russische Berufsausbildung, wie oben gesagt, nach dem Abschluss der 10. Klasse begann, das Studium also auch. Dieser Abschluss wird in Deutschland nicht anerkannt. Beide sollten ein Jahr in einem Berufspraktikum arbeiten und dann die deutsche Berufsausbildung neu absolvieren. Beiden ist das nicht gelungen. Warum auch immer. Sprachbarrieren gab es auch. Sie wurden halt arbeitslos und freuten sich über ihre Kinder, die inzwischen studieren. Nun leben die Eltern in dem „Wunderland" Deutschland und pflegen ihre Minderwertigkeitskomplexe. Na, hoffentlich nicht.

Aus einer anderen zugewanderten Spätaussiedlerfamilie hatte eine junge, etwa dreißigjährige Frau aus Kirgisien, deren Mutter die Tochter einer Deutschen war, hier sehr große Schwierigkeiten. Sie hatte eine Sprachbarriere, das Deutsche ging nicht in ihren Kopf hinein. In Kirgisien war sie Sportlehrerin gewesen, hier zuerst arbeitslos, dann Näherin, dann Putzfrau. Sie arbeitete sehr gut und war beliebt. Bis sie nach Westdeutschland umzog, da entschwand sie meinen Blicken.

Eine junge Ärztin, die schon 1987 ausgesiedelt war mit ihrer Familie, hatte eine andere Einstellung.

Sie absolvierte das Praktische Jahr in einem Kollektiv, konnte gut Deutsch sprechen, wiederholte die Facharztausbildung und legte eine Prüfung ab. Nun konnte sie in ihrem Beruf arbeiten. Leider ist diese Familie auch nach Westdeutschland gezogen. Sie ziehen dem Gelde hinterher, wenn es möglich ist.

Aber meine Starpatienten sind Käte und Josef gewesen.

Mehrere deutschrussische Ehepaare waren in meiner Behandlung. Immer war es so, dass der deutschstämmige Partner den deutschen Familiennamen behalten hatte während der russischstämmige den russischen Familiennamen behielt. Aber das tat der Liebe keinen Abbruch. Die deutschstämmige Käte und der russischstämmige Josef[15] lebten bereits über dreißig Jahre als Ehepaar zusammen. Josef hatte die drei Kinder der Käte mit aufgezogen, denn ihr erster Ehemann war gestorben. Als sie in unsere Stadt kamen, waren beide schon Rentner. Die mollige Käte war deutlich psychisch belastet. Ihre Mutter war 1941 als Volksverräterin in der Ukraine verhaftet worden, weil ihr Ehemann, Kätes Vater, anlässlich des Einberufungsbefehls nicht mehr auffindbar gewesen war.

Er hatte sich „verkrümelt". Und scheinbar wusste seine Frau wahrhaftig nicht, wohin er gegangen war. Sie kam sechs Jahre in ein Zuchthaus und später nach Tadshikistan. Käte musste vom neunten Lebensjahr an schwere Arbeit verrichten, zehn Jahre lang Baumwolle waschen und bei einer fremden Familie leben. Danach konnte sie zu ihrer Mutter nach Dushanbe, der Hauptstadt Tadshikistans, ziehen. Aus dem Zuchthaus entlassene Häftlinge, so auch ihre Mutter, waren nach Tadshikistan zwangsumgesiedelt worden. Käte lernte den Beruf einer Verkäuferin und hatte in einer großen

Kaufhalle wiederum schwere Arbeit zu verrichten. So entwickelten sich ihre Wirbelsäulenschäden. Sie war eine schöne junge Frau, wie ihre Fotografien beweisen.

Meine Patientin Käte war eine stämmige Person und ständig mit Schmerzen behaftet. Kaum war sie in mein Sprechzimmer eingetreten, da begann schon das Wimmern und Jammern und die Tränen flossen wie auf Befehl. Ich glaube ihr, dass sie mit drei Kindern und diesem Beruf ein schweres Leben hatte.

Ihr Josef, der treueste dicke Teddybär, den man sich vorstellen kann, wirkte immer heiter. Er kam zur Tür hereingewippt, breitete die Arme aus, wollte mich umarmen und mir ein Knoblauchküsschen aufdrücken. Am liebsten auf den Mund, den er nicht bekam. „Meine Doktor, wie geht's?" ... Ist das nicht reizend? Er war so schwer krank, musste einen Herzkammerschrittmacher bekommen, ständig Diuretika einnehmen und noch viel mehr, denn Diabetes hatte er auch.

Wenn Käte schimpfte: „Er soll zum Teufel gehen, ich kann ihm nicht mehr sehen. Immer Wodka, Wodka!" So sagte er nur: „Ahh, lass schimpfen, schimpfen immer. Wir leben dreißig Jahre ohne Skandale. Alles gut. Wodka! Doktor, wenn leben, dann leben. Wenn sterben, dann sterben! Meine liebe Doktor. Blutdruck, Blutzucker und Medikamente!" So war Josef.

Wenn er in einer ernsteren Stimmung war, gestand er mir, sehr froh zu sein, dass er in Deutschland war. Mit der Rente seien beide zufrieden und finanziell stünden sie gut da. Auch bestünden in Tadshikistans Hauptstadt Dushanbe ständig kriegerische Auseinandersetzungen mit den Nachbarstaaten. Es gäbe Straßen-kämpfe und das Leben sei gefährlich gewesen. Einmal hatte man einen Mann getötet und ihm das Herz aus der Brust gerissen. Das habe auf dem Straßenpflaster gele-gen und weitergezuckt.

Niemals zuvor hatten wir so etwas aus einem sowje-tischen Land gehört, nicht hören dürfen. Aber im „Märkischen Sonntag" vom 13. Juni 2010 steht ge-schrieben: *„Kirgistan bittet Russland um Hilfe! Viele Tote und Verletzte bei neuen Unruhen. In der Stadt Osch hat man Putins Hilfe in einem Gesuch angefor-dert. Ganze Straßenzüge, Restaurants und Cafés stehen in Flammen".* Sie waren von den Usbeken, die südlich von Kirgisien leben, angezündet worden und das habe Feuergefechte ausgelöst. 790 Menschen seien schwer verletzt worden. - Ich persönlich frage immer wieder: Wo kommen die Waffen her?

Aber zurück zu Käte und Josef.

Drei erwachsene Kinder von Käte und Josef muss-ten etwas länger auf die Ausreise warten. Die jüngste Tochter kam zuerst. Sie lebte sich schnell ein in unserer Stadt, lernte die deutsche Sprache gut, bekam vom Ar-beitsamt einen 2-DM-Job als Näherin. Sie lernte bald einen Partner kennen und bekam schnell Kinder. Und Käte, die sonst so weinerlich und krank vor Unzufrie-denheit war, wurde glücklich über die „so schöne Kin-derchen". Sie strickte feine Babysachen und strahlte. Nun taugte Josef wieder was. Sie konnte ja ohnehin nicht ohne seine mentale und körperliche Hilfe zu-rechtkommen. Es gab Hilfe von der Ausländerbeauftragten, von der evangelischen Kirche und von mir. Ständig musste ich Bescheinigungen schreiben für dies und das. Für den Sohn in Sibirien zum Beispiel, der dort für ein Vergehen in einem Arbeitslager östlich des Uralgebirges eine Strafe von drei Jahren abarbeiten sollte. Wie schreibt Schiller in der „Glocke"? Da werden Weiber zu Hyänen! Das kann ich anhand des Verhaltens der kranken Mutter bestätigen. Käte entwickelte die Kraft einer Bärin, um ihren Sohn hinter dem Ural zu besuchen. Es wurden D-Mark besorgt, in die Jackenfutter und den Büstenhalter eingenäht. Ich musste meinen Medikamentenschrank plündern und Musterpackungen von Antibiotika und Antirheumatika rausrücken, dann wieder Bescheinigungen über Kätes lebensbedrohliche Krankheiten schreiben, damit sie zu dem Sohn vorgelassen werde. Dann wurde Konfekt gekauft für die Wachposten, um sie zu bestechen. Das Geld war zu einem Teil nötig, um die Grenzer am Übergang von Polen nach Russland zu bestechen. Wenn diese nicht in Stimmung waren, konnte man drei bis vier Tage warten, um weiterreisen zu dürfen. Am schärfsten waren die Grenzposten auf Dollars. Hatten die Reisenden Dollars in der Hand, ging die Abfertigung schnell voran. Anderenfalls musste immer noch ein weiterer Sachverhalt geprüft werden. Das erzählte mir Käte nach ihrer Reise.

Während der Grenzkontrolle gab es körperliche Untersuchungen, die Frauen durchführten. Ab in die Kabine und ausziehen! Die Frauen untersuchten alles, auch unter der Unterwäsche, sogar im Schlüpfer. Käte fragte die Beamtin, ob sie sich nicht schäme, eine alte Frau so zu berühren. Die Dame zeigte keinerlei Reaktion. Sie war hart wie Kruppstahl. Vor den männlichen Posten hatte Käte keine Angst.

„Ach, ich kann gut mit ihnen reden. Ich bin die Babuschka und sie meine Kinderchen. Das ist kein Problem." Dank aller Mittel und des Konfektes kam sie bis zu ihrem Sohn.

Leider hatte er durch schwere Arbeit und schlechtes Essen keine Abwehrkräfte mehr und infizierte sich mit Tuberkulose. Er bekam Medikamente, musste aber arbeiten bis er nicht mehr konnte. Dann durfte er nach Deutschland ausreisen in unsere Stadt, wurde arbeitslos und hatte uns ein paar Tuberkulosebakterien mitgebracht. Diese Krankheit ist im Kommen. Der etwa fünfundvierzigjährige Mann war ein Besserwisser. Alles, was man in Deutschland machte in Handwerk und Kunst, konnte er angeblich besser. Aber er hat damals keine Arbeit bekommen. Ich denke, das war eine Charakterfrage, solche Menschen gibt es überall.

Das Schicksal einer jungen Frau aus Minsk hat mich besonders bewegt. Diese hübsche, schlanke und blonde junge Frau war Violinistin und mit ihrem deutschen Mann hierher gekommen. Sie bekam keine Arbeit in ihrem Beruf und nahm deshalb einen Job in der Delikatessenabteilung eines großen Berliner Kaufhauses an. Es dauerte nicht lange und sie hatte sich in einen Kollegen verliebt. Das hält die beste Ehe nicht aus. Die erregte sensible Dame musste psychotherapeutische Behandlungen erhalten, die zwölfjährige Tochter ebenfalls. Nach der Ehescheidung machte Frau X mit dem neuen Partner ein Restaurant in Berlin Mitte auf. Das rentierte sich nicht und ging Bankrott. Danach habe ich sie nie wieder gesehen.

Ich erinnere mich daran, wie gut ihr die Psychotherapie bei der Psychologin getan hat: „Frau Doktor, ich kann es kaum erwarten. Ich fliege zu dieser Frau!" Den deutschen Ehemann dazu habe ich nie gesehen, er wurde nie erwähnt.

Nach meiner Berentung folgte ich einer Einladung zu meinen beiden Starpatienten Käte und Josef.

Dort kam ich aus dem Staunen nicht heraus. Zur Erinnerung: Beide waren Herz-Kreislaufpatienten und Diabetiker. Das tat aber der Freude beim Essen keinen Abbruch. Was holte Käte alles aus ihrer Küche! Zur Begrüßung ein Gläschen Sekt. Dann kam ein Schweinebraten auf den Tisch mit einer schmackhaften Soße, Graubrotstückchen und Sauerkraut. Immer nehmen und essen, sagte Josef. Dann kam eine Flasche Weißwein und eine Flasche Rotwein. „Nun, was möchten trinken, meine Doktor?" So nebenbei kam noch eine Flasche Wodka auf den Tisch. Ich wurde gedankenschwer. Gottlob war ich zu Fuß dort. Zum Kompott holte Käte eine Schüssel voller ausgepulter Granatapfelfrüchte. So feuerrot. Man weiß ja heute, wie nützlich Granatäpfel für die Gesundheit und Schönheit von Frauen sind. Die Früchte aß ich voller Genuss. So nebenbei musste Josef auf den Balkon gehen und eine Zigarette rauchen, der mit seinem Herzkammerschrittmacher! *Meine Doktor, wenn leben, dann leben, wenn sterben, dann sterben.* Nun kamen die Kalorienbomber, nämlich zwei Torten, die bunt waren und vor Sahne strotzten. Käte und Josef hatten sich augenscheinlich darauf gefreut, denn sie sprachen heftig zu und ein Stück nahm ich auch. Zum Kaffee muss doch etwas Süßes sein.

Ich war zum Platzen satt. Josef war wieder auf dem Balkon. Da sah ich eine Bibel, auf die ein Bild aufgeklebt war. Es war mir bekannt, aber woher? Es zeigte eine Winterlandschaft, einen zugefrorenen, beschneiten See, an dem Ufer standen eine Frau und drei halbwüchsige Kinder. Ich fragte Käte danach und sie antwortete: „Sie haben mir das Bild geschenkt!" Ich verstand nicht.

„ S I E haben mir das Bild geschenkt!!"

Mir dämmerte es und ich war total gerührt. Das war so: Als Käte noch auf ihre Kinder wartete im Zuge der Familienzusammenführung, wollte ich sie trösten. Ich entdeckte dieses Bild in einer Pharmawerbung und schnitt es aus. Ich sagte damals zu Käte: „Sehen Sie, hier stehen Sie mit ihren Kindern und schauen sich den Sonnenuntergang an. Und eines Tages werden sie auch hier sein."

Ja, ich erinnerte mich. Ich hätte nie gedacht, welch großer Trost das gewesen ist. Die Kinder waren inzwischen hier und das Foto - schon abgenutzt - klebte auf der Bibel.

Vieles aus meiner ärztlichen Tätigkeit verstehe ich jetzt als Rentnerin erst in seiner ganzen Bedeutung. Zum Beispiel erkenne ich, dass meine Patienten viel mehr aus meinem Privatleben wissen wollten, manchmal gekommen sind, um mich zu sehen oder meine Praxis, weil sie sich dort geborgen fühlten. Und man hatte sich das Hirn zermartert, woher die vielen Beschwerden kamen und wie man helfen könne ...

Bei diesem Besuch sind noch Tränen geflossen und Zigaretten geraucht worden auf dem Balkon. Nachdem ich mein Glas Weißwein geleert hatte, verabschiedete ich mich von den beiden Alten. Hatte ich einen Akt der Verzweiflung mitgemacht oder die pure Lebenslust??

Hier erinnere ich mich daran, was mir meine vier Jahre ältere Schwester erzählt hatte:

Sie hatte in Potsdam den Beruf der Katechetin erlernt und wohnte dort in einem Internat. Sonntags gingen die Mädchen gelegentlich ins Dörfchen Alexandrowka und besuchten den russisch-orthodoxen Gottesdienst, der ja im Stehen abgehalten wird. Dort sangen sie mit den Russen die Lieder voller Kraft und Inbrunst. Danach wurde zum Essen oder Kaffeetrinken eingeladen. Und der Tisch war zum Brechen voll mit Speisen und Torten, auch alkoholischen Getränken. Es wurde weiter aufgetragen, und eine Torte wartete auf einem Stuhl neben dem Tisch. Nun kam eine dicke Russenmama, erzählte und lachte, und setzte sich schwungvoll auf diese Torte. Huch und iihh!

Geschrei und Gelächter waren groß. Wir lachen heute noch darüber.

MEINE GEDANKEN ÜBER DIE RUSSEN IM VEREINIGTEN DEUTSCHLAND

In meine Sprechstunde als Hausärztin kamen auch die Enkel der russlanddeutschen Spätaussiedler.

Rundherum war mein Eindruck von den jungen Männern, Frauen und Teenagern sehr gut. Diese jungen Menschen waren ordentlich gekleidet, benahmen sich höflich und zuvorkommend, lernten leicht die deutsche Sprache und wussten, was sie für einen Beruf ergreifen wollten. Die Schulungsangebote des Arbeitsamtes nahmen sie an und bauten darauf auf. Während viele deutsche Jugendliche eine Lehrstelle nach der anderen hinschmissen, waren die Enkel der Russlanddeutschen dankbar für die ihnen gebotenen Chancen. Die jungen Damen sahen hübsch aus oder sie machten sich mit einem Make-Up hübsch zurecht. Sie waren schlank und trugen Röcke (!) und Pumps. Sie wollten damenhaft wirken. Das empfand ich als angenehm im Gegensatz zu unseren Jungen und Mädchen. Denn diese, ob schlank oder nicht, trugen zu große, rutschende Jeans zu Pullover oder T-Shirt. So empfand ich den Vergleich zwischen den Kindern der Spätaussiedler und den hier ansässigen Jugendlichen.

Nachdem ich meine Altersrente beziehen konnte, gab ich meine Hausarztpraxis auf, um in meinem späten

Leben einige Hobbys aufnehmen zu können. Denn dieses war mir vorher aus Zeitmangel nicht möglich. Ich wollte malen, etwas reisen, vor allem zu meinen Kindern und Enkeln. Dazu sollte sich schnell das Schreiben gesellen, weil ich Kontakt zur Uckermärkischen Literaturgesellschaft und anderen Vereinen bekam. Ich erhielt Anregungen, schrieb zunächst über Eltern und Großeltern. Jedoch die Frage der Russen beschäftigte mich seit meiner Kindheit.

Der Heimatverein unserer Stadt führte im Jahre 2008 Veranstaltungen unter der Überschrift „Fremde Heimat Eberswalde" durch. Jedermann konnte sie besuchen. Die Familien der Spätaussiedler aus Russland wurden eingeladen, zu diesem Thema etwas zu hören oder auch selbst zu sprechen. Zeitzeugen aus der Sowjetunion wurden interviewt und gaben bereitwillig Antworten. Die Familien kamen vollständig, mit Enkeln und Urenkeln. Viele mussten stehen, weil der Saal überfüllt war. Sie wollten über alles sprechen und informiert sein. Es war überwältigend! Und die Bürger unserer Stadt wurden einander näher gebracht, das gegenseitige Verstehen verbessert. Es konnten weniger daran teilnehmen als es hätten sein sollen. Das waren zeitliche und räumliche Einschränkungen. Leider.

WAS IST NUN MIT DEN RUSSEN?

Was ist mit den Russen? Sind es andere Menschen als wir? Nein, grundsätzlich nicht. Es sind Menschen wie du und ich. Mit Charaktereigenschaften, Ansichten, Einstellungen und einem religiösen Glauben.

Das russische Land verfügt über unendliche Weiten von Weißrussland im Westen bis zur Halbinsel Kamtschatka am Stillen Ozean, von Murmansk an der Barentssee im Nordwesten bis zur Tschuktschen-Halbinsel an der Behringstraße im Nordosten und von Krasnodar am Schwarzen Meer im Westen bis zur östlichen Insel Sachalin und Wladiwostok am Japanischen Meer. In dem riesigen Land von über siebzehn Millionen Quadratkilometern leben heute in einundzwanzig Republiken vermutlich 147 Millionen Menschen. Aus diesem Vorrat an unterschiedlichen Individuen aus traditionsreichen Völkerschaften erwachsen so interessante Persönlichkeiten, Talente und einzigartige Künstler, Sportler, Wissenschaftler und Forscher, Arbeiter und andere mehr. Und jeder einzelne, glaube ich, ist stolz darauf, Russe oder Russin zu sein. Und meiner Meinung nach haben sie auch Grund dazu. Nicht auf Stalin, nicht auf die Zaren, nicht auf ihre Mafia mitsamt ihren Oligarchen. Sie können aber stolz darauf sein, wieviel Leid ihre Vorfahren erdulden mussten und überwunden haben. Sie erziehen ihre Kinder voller Stolz in diesem Bewusstsein und diese tragen ihren Kopf hoch. Ich finde das in Ordnung. Im Übrigen, da nun der Kapitalismus in Russland nach der politischen Wende voll erblüht, gelten alle Gesetze des Kapitalismus, die schon Karl Marx in seinem „Kapital" niedergeschrieben hatte. Prostitution und Frauenhandel gehen um, Menschenhandel wird betrieben, die eigenen Kinder werden für Rubel oder für Dollars verkauft. „300 Prozent Profit, und es existiert kein Verbrechen, das das Kapital nicht riskiert, selbst auf die Gefahr des Galgens."

So kann man es bei Marx lesen.

Wir wissen, dass die Spanne zwischen Arm und Reich immer größer wird. In dem gleichen Maße, wie es zum Beispiel Milliardäre in Russland gibt, die sich in andere Staaten einkaufen können, steigt etwa die Zahl der russischen Straßenkinder in den Städten. Allein in Moskau soll es rund zwanzigtausend Kinder und Jugendliche geben, die auf der Straße leben müssen. Diese werden zum großen Teil drogensüchtig und infizieren sich mit AIDS. Sie sterben nicht an AIDS, sondern sie erfrieren im Winter in ihren selbstgebauten Papphütten.[16]

Die selbsternannten millionenschweren Wirtschaftschefs haben egoistische und kriminelle Interessen. Es wäre ein Leichtes für solche Männer, eine Stiftung für diese Kinder ins Leben zu rufen. Nein, auch hier helfen internationale Hilfs-Organisationen wie UNICEF und andere.

Auch so sind Russen: Geschäftsleute wachsen wie Gras aus dem Boden. In einer Reportage sah ich, wie ein junger Geschäftsmann in Moskau eine Zigarre rauchte, die vergoldet war. Auf die Frage, was ihm das gäbe, antwortete er, er habe dadurch ein gehobenes, wertvolleres Lebensgefühl. Na Mahlzeit! Es gibt in Deutschland russische Geschäftsleute, die in öffentlichen Verkehrsmitteln lautstark in russischer Sprache mit dem Handy telefonieren und ihre Angestellten anschnauzen. Stundenlang, ohne auf irgendjemanden Rücksicht zu nehmen oder sich zu schämen. So habe ich es in einem ICE der Deutschen Bahn erlebt. Dieser telefonierende Mann war nicht älter als fünfunddreißig Jahre. Russische Männer und Frauen in einem reiferen Alter benehmen sich mäßiger und bescheidener und man kann sie als sympathisch bezeichnen. Aus ihren Lebenserfahrungen heraus wissen sie besser, wie man sich unbeliebt macht.

Ein junger, blonder und schlanker Mann telefonierte in einem ICE mit seiner Freundin laut und schamlos darüber, wo sie sich heute treffen wollen und es dauerte etwa zwanzig Minuten, bis der Ort des Stelldicheins der jungen Dame zu gefallen schien. Dann war der Zielbahnhof erreicht und der Jüngling sprang auf und wie von der Tarantel gestochen eilte er zur Zugtür hinaus. Mein Urteil über ihn lautete: verhaltensgestört und noch nicht in Deutschland angepasst.

Was mich früher beruhigt hatte: Man sagte, die Russen seien kinderlieb. Gegensätzliches konnte ich nie beobachten. Ein Schulfreund erzählte mir, es sei ihm

1945 ein Russe begegnet, ein Soldat, auf einer Wiese am Graben. Er aß Brot und gab dem Jungen etwas ab und sie aßen zusammen. Ein Studienfreund erzählte mir jetzt, 1945 saß seine Familie in einem Keller wegen eines Fliegerangriffes, als die Kellertür aufgestoßen wurde und ein russischer Soldat hereinkam. Er setzte sich zu den Deutschen, nahm seinen „Säbel" (Bajonett), öffnete damit seine Zigarettenpackung und rauchte in Ruhe bei den anderen, bis der Alarm vorbei war. Jeder hatte etwas anderes erlebt mit den Russen, nachdem der Krieg beendet war.

Ein junges russisches Ehepaar, die Enkel von Spät-aussiedlern, war nach der Wende in meiner Behand-lung. Sie hatten ein Baby. Nach einigen Monaten war das zweite Kind unterwegs. Nun konnte das erste Kind laufen, bald war das zweite geboren. Ich dachte ja, das wäre der Frau genug. Das war ein Irrtum, denn kurz darauf war sie wieder schwanger. Der große, stämmige Vater kam ebenfalls als Patient und stolzer Papa: „Mei-ne Mutter hat sechs Kinder und es war immer schön zu Hause. Wir auch wollen sechs Kinder!" Sie waren bei-de arbeitslos. Das Ende der Geschichte kenne ich nicht, denn ich wurde Rentnerin. Beide Eltern waren die Ruhe selbst und gingen liebevoll mit ihren Kindern um.

Schüler in der DDR, die ein hervorragendes Abitur ablegten und aus einer politisch unbedenklichen Fami-lie kamen, konnten in Moskau, Leningrad, Minsk, Witebsk oder in einer anderen russischen Universitäts-stadt studieren. Viele von ihnen haben sich dort ver-liebt, geheiratet und kamen zurück als Familie mit einem oder mehreren Kindern. Dazu möchte ich sagen, dass die jungen Russinnen, die geheiratet wurden, von einer natürlichen und vornehmen Apartheit waren. Die Bewegungen dieser Frauen waren so anmutig, dass ich immer meine Freude an ihnen hatte; desgleichen war ihre Art zu sprechen wohlerzogen und respektvoll.

Von einer Familie weiß ich, dass sie sich hier für die Straßenkinder und Krankenhäuser in Minsk (Weißrussland), die Not leiden, stark macht. Sie führt Sammlungen durch für Geld und Sachwerte. Sie bringen die gesammelten Güter persönlich an den Bestimmungsort. Weiterhin gibt es hier eine Aktivität im Gesundheitswesen, die sich um die Kinder und Enkel aus Familien kümmern, die die Tschernobyl-Katastrophe miterlebt hatten. Es sind kleine Patienten, die an Leukämie oder einer ähnlichen Krankheit leiden. Sie werden hier behandelt oder bekommen einen längeren Kuraufenthalt oder sogar eine Knochenmarkspende von Deutschen.

Ich muss dabei auf die Bibel zurückkommen. Wie heißt es im Alten Testament: *Eure Sünden und die Sünden Eurer Väter werden sich rächen an euren Kindern bis in das dritte und vierte Glied.* Ja so ist es auch mit den Umweltsünden, die jeder beobachten kann. Was waren unsere Vorfahren doch klug. Und die Verursacher der Erdöl-, Urwald- und Klimakatastrophen wollen dies nicht hören.

Noch ein Wort möchte ich zu den Künstlern und Malern äußern.

Das Thema „Bernsteinzimmer" ist ein Dauerbrenner. Es wird nicht mehr gefunden werden, weil es nach Aussage des damals Verantwortlichen, Herrn Rhode, mit Sicherheit 1945 in Königsberg verbrannt ist. Das *„Bernsteinkabinett wurde Anfang des achtzehnten Jahrhunderts für König Friedrich I. in Berlin geschaffen. 1716 wurde es dem russischen Kaiser, Zar Peter dem Großen, geschenkt und 1755 im Katharinenpalais von Zarskoe Selo, dem Sommersitz der Zarenfamilie, eingebaut. 1941 wurde es von deutschen Einheiten nach Königsberg verbracht und ist seit 1945 verschollen."*[17]

Sankt Petersburger Bernsteinkünstler haben ein *neues* Bernsteinzimmer für das Katharinenpalais in Zarskoje Selo, heute Puschkin, fertiggestellt. Wieviele Nachforschungen mussten betrieben werden, um aus Schwarzweißfotos und anderen Dokumenten, Teilfunden und authentischen Berichten, das Werk originalgetreu wiedererstehen zu lassen. Wie musste der „Teamgeist" funktionieren! Wie aufopferungsvoll arbeiteten etwa sechzig russische Männer und Frauen für wenig Geld an dieser Aufgabe! Die meisten wurden nach Fertigstellung des neuen Bernsteinzimmers arbeitslos und mussten sich einen neuen Broterwerb suchen. Sie nahmen es hin mit russischer Gelassenheit: **Завтра будет!** Morgen werden wir sehen.[18]

Im Jahre 2003 wurde das rekonstruierte Kabinett anlässlich der Dreihundertjahrfeier von Petersburg in Anwesenheit von Präsident Putin und Bundeskanzler Gerhard Schröder übergeben. Kanzler Schröder hatte Fördergelder von e-on Ruhrgas für dieses Projekt überbracht.[19] Auf Grund von neueren Erkenntnissen darüber, wie die Oberflächen des geschliffenen Bernsteins zu behandeln sind, soll dieses Kunstwerk noch schöner aussehen, als das ursprüngliche Bernsteinzimmer.

Der Sohn eines Studienfreundes betrieb im Berlin der Nachwendezeit, Thorstraße/Ecke Tucholskystraße, im denkmalgeschützten Gebäude der alten Post eine Galerie, die mit den verrücktesten Bildern der Modernen Malerei bestückt war. Natürlich auch von russischen Künstlern. Diese waren wohl die teuersten und verrücktesten. Aber leider, die brotlose Kunst, etwa um 2005 musste diese Galerie schließen und Insolvenz anmelden.

Warum denn auch nicht! Ich bin davon überzeugt, dass Menschen ein Recht auf Freizügigkeit haben. Wenn mir jetzt gefallen würde, nach Wien zu ziehen, warum sollte ich das nicht dürfen?

Ich habe kein Verbrechen begangen und ich werde nicht polizeilich gesucht. Die Russen im Zweiten Weltkrieg sind nicht freiwillig gekommen, Hitler hat sie gerufen. Wie konnte er annehmen, dass sich die Sowjetunion mit dem unermesslichen Reservoir an patriotisch denkenden Menschen von den deutschen Armeen überrollen lassen würde? Größenwahn!

Die Russen, die heute kommen, wollen sich einen besseren Lebensstandard aufbauen, die Familien zusammenführen oder widrigen Umständen in der Heimat entfliehen. Das gab es schon immer und wird es immer geben, solange wir Menschen existieren (können).

Man sollte froh sein, dass neue Ideen und Fertigkeiten, Traditionen und Kulturen eine Aufwertung in das Leben bringen.

Wie weltoffen war Wien im 18. und 19. Jahrhundert! Es gibt in der Hauptstadt Österreichs ganze Stadtviertel, wo Einwanderer aus Asien, China oder Russland, aus der Türkei und anderen Ländern gelebt haben. Die Wiener freuten sich über mitgebrachte handwerkliche Künste, Musik und Lieder und nahmen die Menschen wohlwollend auf. Noch bis in die heutige Zeit tragen die Straßen die Namen der Einwanderer, die Gaststätten die Namen der zugewanderten Wirtsfamilien.

Spießbürgerliche Gewohnheiten sollten wir ablegen, gerade hier in Ostdeutschland. Wir müssen nicht „unter uns" bleiben. Die Älteren von uns sollten mit gutem Beispiel vorangehen, damit die verbalen und körperlichen Attacken gegen Ausländer, die in vielen Gegenden im Lande Brandenburg geschehen sind, aufhören. Sei es in der Uckermark oder in der Lausitz. Viele dunkelhäutige Menschen sind bereits umgekommen. In öffentlichen Verkehrsmitteln, auf öffentlichen Straßen und Plätzen! Das ist das gleiche Thema, als wenn meine Vorfahren sagten: „Die Russen kommen!" Warum brannte in der Schorfheide ein Haus ab, das ein Aussiedlerheim werden sollte - kurz vor dem Einzug der zugewanderten Familien? Es ist nicht übertrieben, wenn ich behaupte, das ist der Beginn von Rassismus: „Wir Deutschen sind etwas Besseres und wollen unsere Ruhe haben!"

Laut Brockhaus sind nur 0,5 Prozent der russischen Bevölkerung Russlanddeutsche. Die Russen selbst bilden 82 Prozent. Daneben gibt es mehr als einhundert nationale Minderheiten. Nicht alle Russlanddeutschen kommen zurück. Vor allem nicht die ganz Alten, die zufrieden sind und sich eingerichtet haben in einem ärmlichen Leben und mit ihrer geringen Habe, mit Haus und Vieh, weitab von Städten. Klaus Bednarz, der TV-Filmer und Reporter, fragte einen sibirischen Greis, der schon lange keine Rente mehr gesehen hatte und mit seinen Kindern in einem seenreichen Gebiet lebte: Wenn Sie keine Rente bekommen, wovon werden Sie morgen leben? Die Antwort lautete: Gott im Himmel wird für mich sorgen, ich habe meinen Fisch, mein Bett und ich lebe in einem schönen Land!

Unter der Stalindiktatur sind nationale Minderheiten umgesiedelt worden. Zum Beispiel gab es Krimtataren, die nach Kirgisien umgesiedelt wurden. Sie konnten in den neunziger Jahren zurückkommen. Jetzt, im Rentenalter, fangen sie nochmals von vorne an und bauen sich ein Leben in der alten Heimat, der Halbinsel Krim, auf.

1991 hatte die UdSSR cirka 290 Millionen Einwohner. Nachdem Weißrussland, die Ukraine, Litauen, Lettland und Estland, sowie Moldawien, Georgien, Armenien, Aserbaidschan, Turkmenistan, Tadshikistan und Kasachstan als auch Kirgistan und Usbekistan wieder selbstständig geworden sind, liegt die Einwohnerzahl der Russischen Föderation etwa bei 144 Millionen.[20]

Wie leben diese Völker und nationalen Gruppen? Wie leben die Donkosaken oder Uralkosaken, die Wogulen oder Ostjaken, die Burjaten oder Tungusen, die Tschuktschen oder Kamtschadalen? Ich behaupte, Afrika ist besser erforscht, als der ferne Osten Russlands. Dort wurde vor Gründung der Sowjetunion gar nicht Russisch gesprochen. Erst die mächtige Sowjetunion führte in den Schulen Russisch ein. Diese Naturvölker hatten ihre eigene Sprache und eigene Riten und Kulturen, die sie leider verdrängen sollten. Nun ist nicht mehr viel davon übrig und diese Völker werden bald vergessen sein. Allerdings ist die moderne Bewirtschaftung und industrielle Lebensweise dort im Fernen Osten nicht angebracht. Im ewigen Eis, wo der Sommer nur sechs bis acht Wochen dauert, sind halt andere Sitten und Gebräuche besser. Man kann sehen, dass die industriellen Bauten in der Tundra, aus dem Eis gestampfte Städte, wieder zu Ruinen geworden sind. Die Menschen halten es dort nicht aus. Nur die Hartgesottenen unter ihnen versorgen noch die Wetterstationen, die Vogel- und Tierbeobachtungsstationen, gehen auf Robbenjagd und fischen. Aber die Versorgung mit dem Lebensnotwendigen erfolgt nur mit dem Flugzeug, sehr oft auch der Personalwechsel, wenn einige Männer oder Frauen in Gefahr geraten, eine Psychose zu bekommen, eine Depression, Heimweh oder Liebeskummer.[21]

Einzelne Familien, die ihr Leben nicht mehr ändern wollen, da sie nichts anderes kennen, gibt es auch. Ich erinnere mich, in einem Sputnik-Heft[22] der achtziger Jahre gelesen zu haben, dass man am Mittellauf des Lena-Flusses eine Frau aufgefunden hat, die völlig verwildert war. Ihre Mutter, mit der sie zusammengelebt hatte, war gestorben. Die Frau war kräftig wie ein Mann, baute sich aus Holzbohlen ihre Hütte selbst, ging auf die Jagd, hatte Kleidung aus Fellen. Sie kannte keinen Strom. Sie konnte nicht lesen oder schreiben, und ihre Sprache war nicht zu verstehen, selbstgebastelt. Man wollte ihr „helfen" und sie mitnehmen. Aber sie lehnte ab. Nach einem Jahr lehnte sie wieder ab. Aber eines Tages ließ sie sich überreden und kam mit in die Stadt. Sie staunte über Licht, Telefon, Radio und Television. Man reinigte sie, untersuchte sie, impfte sie und ließ sie eigentlich in Ruhe.

Sie starrte tagelang, wochenlang und monatelang in den Fernseher. Dann wollte sie wieder zurück in ihren Wald. Und man musste sie zurückbringen, weil sie anfing zu toben!

SIBIRIEN - WAS IST DAS?

Wir hörten von Sibirien als einem Ort der Verbannung. Unsere Vorstellung erlaubt uns nur einen eingeschränkten Blick auf diesen Ort. Als Strafe für Verbrechen oder politisch unerwünschte Ansichten oder vermeintliche Volksverräter scheint dieses Land kalt, unwirtlich, abstoßend zu sein. Sibirien ist kein „Land", sondern es besteht aus einer Vielzahl von Landschaften und Völkerschaften, die ursprünglich gar keine Russen waren. Ein Zitat aus einer Illustrierten notierte ich mir 2006:

> *„Unendlichkeit. Die sibirische Sicht der Dinge lautet: Hundert Jahre sind kein Alter und tausend Kilometer keine Entfernung. Endlos sind die Weiten Sibiriens, unberührt die Flüsse und Seen, unendlich die Steppen und Wälder!"*

Ruth Werner schrieb in ihrem Buch „Sonjas Rapport" darüber, wie sie China verlassen musste über die Grenze nach Sibirien, weil ihr Funkgerät geortet worden war. Sie sollte mit ihrem Säugling auf einem sibirischen Bahnhof abgeholt werden, aber der Abholer verspätete sich. Sie saß vier Tage tags und nachts mutterseelenallein auf diesem Bahnhof und wartete auf ihren „Genossen". Sie schrieb, dass sie eine Sekunde der Ewigkeit kennengelernt hatte.

Sibirien ist der nördliche Teil Asiens östlich des Uralgebirges bis zu den Wasserscheiden-Gebirgen nahe des Pazifiks und erstreckt sich vom Nordpolarmeer bis zum Gebirgsrand Hochasiens. Es gehört zu Russland. Das über 10 Millionen km² große Territorium wird von etwa 24,3 Millionen Bürgern bewohnt. Die Bevölkerungsdichte beträgt laut Wikipedia 2,9 Menschen pro Quadratkilometer.

Asiens „Erste Völker" haben eine mehrere tausend Jahre alte Kultur. Man kann von Funden aus dem neunten Jahrhundert vor Christi lesen, auch die über 2000 Jahre alte Seidenstrasse durch Zentralasien beweist es. Sie führte von China über Kirgistan durch Gebirge und Wüsten nach Indien, Pakistan, Usbekistan, mit den islamischen Bauten von Samarkand und Bukhara, durch den Irak zum Vorderen Orient. Bagdad, früher „Perle der Seidenstrasse" genannt, wird heute als das „Herz der Finsternis" bezeichnet.[23]

Neben dem Hauptanteil von Russen leben in Sibirien zahlreiche andere Völkerschaften. Die drei Großlandschaften sind die westsibirische Tiefebene zwischen dem Ural und dem Jenissei, die von den Flüssen Ob und Irtysch entwässert wird; es folgt das mittelsibirische Bergland mit Höhen von bis zu 1701 Metern zwischen Jenissei und Lena. Daran grenzt das ostsibirische Bergland mit Höhen von 2500 bis 3500 Metern. Das kontinentale Klima birgt das kälteste Gebiet der Erde in Nordostsibirien. Die Taiga ist von sibirischem Nadelwald bewachsen. Nach Süden folgen Steppe, Ackerland und Gebirgswälder. Es wird Waldwirtschaft betrieben, Pelztierjagd und Viehzucht. Auf Grund der reichhaltigen Bodenschätze und des Kraftwerkbaues wird Sibirien zunehmend industrialisiert. Besonders im Südwesten liegt der Mittelpunkt von Schwerindustrie, Maschinenbau und Chemischer Industrie.[24]

Von 1891 bis 1916 wurde von Moskau aus die Transsibirische Eisenbahn gebaut, über Jekaterinenburg, Omsk, Nowosibirsk, Irkutsk (Das Paris des Ostens) und am Baikalsee entlang weiter bis Wladiwostok über 9300 Kilometer quer durch Sibirien. Nördlich davon gibt es die Baikal-Amur-Magistrale, südlich davon die Südsibirische Eisenbahn und neuere Anschlußstrecken. Im Sommer kommt als Verkehrsmittel die Flußschifffahrt hinzu.[25]

Eine Fernsehreportage von Fritz Pleitgen[26] über die TRANSSIB berichtete über den Baikalsee. Dieser ist 25 Millionen Jahre alt und der älteste See der Erde. Er ist auch der größte See der Erde, siebenhundert Kilometer lang, und fasst mehr Wasser als die Ostsee, er ist bis 1637 Meter tief. Seit 1996 gehört er zum Weltnaturerbe. Das bisher glasklare Wasser ist nun auch bedroht, verunreinigt zu werden, denn es liegt sehr viel Unrat am Ufer, den Touristen und Einheimische fallenlassen, wie Bierdosen, Plastikflaschen und -tüten, auch Zigarettenschachteln, Metallteile und anderes.

Die sibirischen Völker wurden seit dem 11. Jahrhundert von russischen Kaufleuten bedrängt. 1581 wurde das Tatarenreich von Sibir am Irtysch von den Russen unterworfen. Bei weiteren Unterwerfungen bis 1640 drangen die Russen bis an den Pazifik vor. Die wirtschaftliche Erschließung erfolgte im 19. und 20.

Jahrhundert. Von nun an wurden die Sibirier in kriegerische Auseinandersetzungen der Russen einbezogen.

1918 bis 1920 kämpfte Admiral Koltschak in Sibirien gegen die Bolschewiki. Ab dem Jahr 1922 gehörte Sibirien zur Sowjetunion (RSFSR oder UdSSR). Im Zweiten Weltkrieg wurden die Männer der Jagdvölker Ewenen und Ewenken gern als zielsichere Schützen eingesetzt.[27]

Russlands Frühaufsteher sind die Kamtschadalen im äußersten Osten des Landes. Die Halbinsel Kamtschatka begrenzt das große Land im Osten. Ein Flug von Moskau nach Kamtschatka dauert 9,5 Stunden über neun Zeitzonen. Der Flughafen befindet sich in Kamtschatka-Petropavlovsk (Peter und Paul). Von Nord nach Süd ist Kamtschatka 1600 Kilometer lang und in West-Ost-Ausdehnung 470 Kilometer breit. Die Amtssprache ist Russisch. Die Insel hat sich durch Kontinentalplattenverschiebung gebildet. Die Pazifische Platte taucht unter die Asiatische Platte und wird aufgeschmolzen. Die Gesteinsschmelzen steigen durch den Erdmantel auf und formen Vulkane an der Oberfläche. Heiße Quellen sind überall zu finden. Die Bevölkerung Kamtschatkas bestand aus Itelmenen, Ewenen, Korjaken und Ainu. Sie lebten von Rentierzucht, dem Lachsfang und der Jagd.

Nach Eroberung durch die Russen wurde die Zahl der Ureinwohner stark dezimiert. Daraus resultierte ein Identitätsverlust der Urbevölkerung. Nach Zusammenbruch der Sowjetunion grassierten Arbeitslosigkeit und Armut. Die Lage hat sich inzwischen gebessert. Man besinnt sich heute auf die alte Kultur und Verdienstmöglichkeiten durch Fleischproduktion, Fischfang und Tourismus. Heute hat Kamtschatka 350 000 Einwohner, davon leben 250 000 in der Hauptstadt Petropavlovsk. Jüngere und gebildete Menschen wandern aus in den europäischen Teil Russlands.

Auf Grund der extrem nördlichen Lage Kamtschatkas ist es zu kalt für Infektions-Krankheiten. Es gibt keine Grippe und keine Tollwut. Aber man soll sich vor Bären schützen. Siebenunddreißig Prozent der Halbinsel stehen unter Naturschutz. Sie ist eine farbenprächtige, bergige und wasserreiche Gegend und bietet durch die vulkanischen Tätigkeiten ein tägliches Naturschauspiel. Die unberührte Natur wird heute auf Grund der Bodenschätze (Gas, Erze, Gold) durch den Bergbau bedroht. Seit 1990 können westliche Touristen Kamtschatka besuchen. Sie werden darauf hingewiesen, die natürliche Umwelt zu achten und zu schonen.

Schon die Zaren wussten von der strategischen Bedeutung der Region. Zur Zeit des atomaren Wettrüstens war Kamtschatka ein militärisches Sperrgebiet. Noch heute sind Atom-U-Boote, Langstreckenbomber und Raketen stationiert. Hinzu kommt, dass Kamtschatka Probleme mit dem Ökovandalismus und der Müllentsorgung hat. Einzeltouristen brauchen eine Einladung auf die Halbinsel neben dem russischen Visum, eine Registrierung bei den Behörden und ein „Permit" für die zu bereisenden Strecken und Ortschaften.[28]

In der „Zeitschrift für gefährdete Kulturen" fand ich
sehr lesenswerte Dinge über die Völker Nordasiens.
Herr Michael Grey Wolf Gurujew berichtet über die
„Ersten Völker" Nordasiens. Jenseits des Ural sollen
129 „Erste Völker" gelebt haben neben den „Ersten
Nationen", den Han-Chinesen, den Japanern und den
Koreanern. Von der Welt unbemerkt sollen etliche inzwischen vom Aussterben bedroht sein. Es sind Völker
des Nomadentums wie die Ewenken und Burjaten, die
mit Schamanismus lebten und bei denen das Rentier
eine wichtige Rolle spielt. Mit den Nomaden verbindet
sich Unstetigkeit, die religiöse Verbundenheit mit dem
Tier und ein innerer Hang zum Schönen. Lebenswich-
tige Dinge wurden aus Rentier-Leder und Rentier-
Geweih hergestellt wie Jurten und Riemen, Sättel und
Gehänge, Teppiche, Angeln, Haken, Speere und
Schmuck.

Die Wanderungen zogen sich über die Ländergren-
zen. Das waren mongolische Völker, Mandschu-
Völker, Turkvölker, Tibetische und Eskimo-Völker wie
die Aleuten. Der Osten beginnt jenseits des Urals. So
leben die Ewenken, zu denen Gurujew zählt, heute in
Sibirien, Nordchina und im Norden der Mongolei. Es
sei so, dass die Russen auf die Jakuten und Burjaten
herabschauen, sowie die Burjaten auf die Ewenken.
Doch diese sind stolz auf ihre Jahrtausende alte Kultur,

die einst zwischen der Mandschurei und dem Baikalsee entstanden war. „Das heilige Meer", der älteste See der Erde, soll den Namen von den Mongolen bekommen haben: „bai gol": „stehendes Feuer", später von den Russen als „Baikal" umbenannt.

Bis heute hat sich die Zahl der Ewenken auf etwa 40 000 reduziert. Durch Mischehen kommen unterschiedliche Kulturen zusammen. Heiratet ein ewenkischer Mann eine burjatisch-mongolische Frau, geschieht es z.B. oft, dass durch verschiedenartige spirituelle Verwurzelung die Ehe scheitert. Fast alle sind auch nach der politischen Wende arbeitslos geworden, sodass eine ewenkische Lehrerin zum Beispiel, in die Stadt ziehen musste, um als Markthändlerin zu überleben. Sibiriens Nomaden haben der Globalisierung, Produktentwicklung und Vermarktung nichts entgegenzusetzen. Die Kulturen Sibiriens sind vom Aussterben bedroht.

So hat Herr Wolf Gurujew von Hamburg aus eine „Minoritätenhilfe Sibirien" unter der Schirmherrschaft der Hamburger Kulturbehörde ins Leben gerufen. Die Russische Förderation aber erhebt Zoll und Steuern sogar für Hilfsgüter, so dass Gurujew das Zentrum in der Mongolei platziert hat.

Ewenken und Ewenen sind Brudervölker. Gurujew, geboren 1940, ist der Sohn einer Ewenkin und eines europäischen Vaters. Er verließ seine Heimat, um im Westen Geld für seine Familie zu verdienen, denn er war erwerbslos. Er lebt wie ein Nomade in einem Wohnwagen und hat mit Hilfe von Freunden die Minoritätenhilfe aufgebaut. Er ist Künstler und widmet sich dem Thema „Natur und Mensch", schreibt Märchen und gestaltete unzählige Ausstellungen. Er will das über tausend Jahre alte Erbe bewahren, das nur mündlich überliefert wurde. Er heiratete eine burjatisch-mongolische Frau aus Ulan-Ude, deren Sippe und sie selbst ohne Einkommen sind. Sie fühlen sich zugehörig zu den „Ersten Nationen Asiens" und würden die Kulturgüter als Schatzkammer Nordasiens, als Erbe aller Menschen, unter den Schutz der UNESCO stellen lassen. Das ist Gurujews Triebfeder.[29]

Leider ist es so, dass in Asien auch gilt: „Follow the money", dass Jugendliche keinen Respekt mehr vor dem Alter haben, einbrechen und stehlen, ohne je bestraft zu werden, weil das alte Gesetz des „Jassa"[30] aus den Zeiten des Dschingis Khan nicht mehr gilt, das sogar die Sowjetzeiten überdauert hatte. Mehrmals wurde Gurujew bestohlen, einmal nahmen die Diebe die künstlerisch gestaltete Tür seiner Jurte mit. Ein wirtschaftlicher Aufschwung war bis 2009 im sibirisch-mongolischen Grenzgebiet nicht zu verzeichnen, wenn man von Solarzellen an Jurten und Handytelefonen absieht.

Der Künstler Gurujew arbeitet unbeirrt weiter. Wenn auch die Russen Maschinen von Webereien und Sägewerken an der mongolischen Grenze demontiert haben und die Häfen am Rande der Seen verwaist sind, gaben die Menschen nicht auf und haben sich auf traditionelle Kunsthandwerkstechniken besonnen.[31]

So bildete sich zum Beispiel eine Frauenkooperative, in der traditionelles Sticken unterrichtet wird. Unzählige Frauenkooperativen entstanden an der Grenze Burjatiens zu Sibirien. Einige betreiben Kunsthandwerk mit Wolle und Filz, andere Feldarbeit und Viehzucht. Deutsche Hilfe ist gefragt bei Photovoltaik-Anlagen. Alte Nähmaschinen von Singer und Geräte zur Holzbearbeitung werden gebraucht und genutzt. In diese weit entfernten Grenzgebiete gelangt man mit der Transsibirischen Eisenbahn. Der Künstler Gurujew möchte in die bewaldete Taiga umziehen, um der Natur und den Tieren (Elch, Zobel und Chon, dem Wolf) näher zu sein.[32]

Am unteren Flusslauf der Tunguska, dem autonomen Gebiet der Ewenken, protestierten diese gegen den Bau eines riesigen Wasserkraftwerkes für 13 Milliarden US-Dollar mit der Leistungsspitze von 20 Gigawatt, gegen die Flutung von einer Million Hektar unberührten Lärchenwaldes. In diesem Gebiet leben 17 300 Menschen, ein Fünftel davon Ewenken, die um ihre Kultur fürchten.[33]

Nehmen wir die Jakuten, die östlich des Jenissei-Flusses in den Wäldern bis weiter östlich des Lena-Flusses leben. Die Jakuten entstammen einem Turk-volk, das vom Süden nach Norden gewandert war.

In der jakutischen Republik leben noch andere Na-tionalitäten, sie ist eine gemischte Republik. Die Jaku-ten, die in den Wäldern der Taiga leben, treiben Jagd- und Viehwirtschaft. Wie groß muss ihre Rentierherde sein, wieviele Rentiere müssen sie einfangen, um für die Dorfgemeinschaft ein Auskommen zu haben? Wie-viel Rentierfleisch muss eingefroren werden für den langen Winter? Wieviele Wildtierfallen müssen aufge-stellt werden für Füchse und andere Tiere, um genü-gend Felle für Kleidung, Mützen und Stiefel zu haben und einen Teil zum Verkauf. Wieviel Heu müssen sie einlagern für die Pferde? Etwas Überfluss muss auch sein für Feiern, nämlich Geburten, Geburtstage, Hoch-zeiten oder Beerdigungen. Und im Sommer wird ein traditionelles dreitägiges Fest gefeiert. Die Hunde brau-chen ihr Fleisch. Das sind die Probleme, mit denen sich die Jakuten herumschlagen.[34]

Viele Städte gibt es dort nicht. Die jakutische Repu-blik ist flächenmäßig die größte der russischen Födera-tion und besitzt eine Küstenzone zum Nördlichen Eismeer von etwa viertausend Kilometern Länge. Neben der Lena, der Hauptader für Schiffsverkehr,

Handel und Versorgung, gibt es noch acht weitere Flüsse, die zum Teil die Lena mit Wasser versorgen. Im Frühjahr ist die Lena an manchen Stellen bis zu dreißig Kilometer breit. Im Norden Jakutiens liegt die Tundra, der ewig gefrorene Boden, der nur für kurze Zeit im Sommer zu einem farbenprächtigen Blütenmeer der Moose und Kräuter wird. Die jetzigen Klimaveränderungen haben dazu geführt, dass die Tundra täglich um 350 Quadratkilometer abtaut, die Grönlandtundra inbegriffen.[35] Sie geht in die bewaldete Taiga über, in der die Rentierzüchter leben. Diese sind sehr geschickte Jäger, Fallensteller und sogar Kunsthandwerker, die aus Pferdehaaren und Fellen, Borken und anderen Naturmaterialien alles herstellen können, was sie zum Leben brauchen. Ihre Kinder besuchen Schulen mit angegliederten Internaten. Sie können studieren, wenn sie möchten, sogar in Jakutien.

Jakutsk, die Hauptstadt ist eine Hochschulstadt mit mehreren wissenschaftlichen Instituten. Sie liegt acht Zeitzonen von Moskau entfernt. Noch eine andere Hochschulstadt gibt es, nämlich Norilsk. Sie wird als schmutzigste und reichste Stadt in Russland bezeichnet. Sie bildete sich aus einem stalinistischen Gefangenenlager von neunzigtausend Mann. Zu den Gefangenen gehörte ein Architekt, der die Stadt entworfen und gebaut hat. Es ist eine Bergbaustadt, in der Nickel und Kupfer, Platin aber auch Titan, Gold und Diamanten gefördert werden. Die Menschen kommen freiwillig hierher, wo es ein halbes Jahr Nacht ist, Polarnacht. Sie bekommen gute Gehälter, so wie in Mitteleuropa, die

Frauen kleiden sich in Pelze, so wie die Männer. Es gibt ein Theater und andere kulturelle Angebote. Der Smog in dieser zweihunderttausend Einwohner zählenden Stadt entsteht durch die Bergbaubetriebe. Norilsk steht auf Stahlgerüsten, die im Eisboden verankert sind.[36]

Der Sage nach entstand das Land auf eine besondere Weise: *Als Gott der HERR die Erde geschaffen hatte, schickte er einen Engel mit einem Sack voller Schätze, die er auf der Erde verteilen sollte. Als der Engel über die Region von Jakutien flog, bekam er so kalte Hände, dass seine Finger steif wurden und der Sack mit allen Schätzen ihm entglitt. Da wurde der HERR böse und strafte dieses Land mit ewigem Winter.* Mehr als zwei Drittel Jakutiens liegen nördlich des Polarkreises.

Einige Worte möchte ich über OIMJAKON erzählen: Nordöstlich der Hauptstadt Jakutsk befindet sich der Kältepol der bewohnten Erde, genannt Oimjakon (jakutisch: heiße Quelle). Aber es ist der Ort, an dem die tiefsten Temperaturen der (bewohnten) Erde gemessen wurden. Oimjakon liegt 750 Meter über dem Meeresspiegel und ist ein kleiner Ort. Er hat rund fünfhundert Einwohner. Im Stadtplan bei Wikipedia kann man die Straßenzüge erkennen und den Verlauf des Flüsschens Indigirka nördlich des Ortes. Oimjakon hat eine Wetterstation, in der 1933 minus 68 Grad Celsius gemessen wurden. Dort befindet sich ein Kältehoch mit dem höchsten Luftdruck der Erde. Es gibt dort vier Heizkraftwerke, ein Krankenhaus, eine neue und eine alte Schule, einen Kindergarten und eine Milchfabrik. Eine Tankstelle, ein Treibhaus, ein Sägewerk, ein Stadion und eine Sporthalle, nicht zuletzt ein Friedhof sorgen dafür, dass es den Menschen an nichts mangelt. Ob diese Russen kommen?

UND DIE MORAL VON DER GESCHICHT – DIE RUSSEN KOMMEN NICHT

Wie soll denn das auch gehen?

Die Russisch sprechenden Menschen wohnen auf einem Territorium in Europa und Asien, das einem Sechstel der Landfläche der Erde entspricht.

In dem bebilderten Buchband „Das russische Wunder" ist ein deutsches Plakat aus den Vorkriegsjahren anzuschauen: „Der Bolschewismus" als schwarzes, behaartes und zähnefletschendes Ungeheuer, aber auch ein anderes, sozialdemokratisches Plakat: „Helft! Russland leidet Hunger!" mit einer Zeichnung von Käthe Kollwitz, die einen ausgemergelten Männerkörper zeigt. Das entsprach der Wahrheit, aber es wurde totgeschwiegen. Lügen über Lügen wurden über die Russen verbreitet. Es sind fleißige und strebsame Menschen, die zum großen Teil erst im zwanzigsten Jahrhundert Lesen und Schreiben gelernt haben, Schulen besuchen konnten, solche für Kinder und solche für Erwachsene, die durch ihre Revolution den Feudalismus abgeschüttelt hatten. Es sind Menschen, die sich in Windeseile die Wissenschaften zunutze gemacht hatten und moderne Betriebe und Produktionsweisen erbaut und genutzt haben. Jedermann standen die Schulen, Hochschulen, Universitäten und andere Bildungseinrichtungen offen.

Politisch möchte ich in diesem Buch nicht werden, aber ich denke, den Zenit dieser Hoch-Zeit der Bildung und des Lebensstandards haben die Russen überschritten.

Die jetzige kapitalistische Marktwirtschaft ist ein Rückschritt für dieses Land. Wieder steigt die Anzahl der Armen und die Reichen bis Superreichen werden noch reicher. So wie es in den letzten Jahrzehnten noch im zaristischen Russland war. Auch heute wie damals stehen hinter den Unternehmen, besonders in Metall- und Bergbauunternehmen, amerikanische und englische Milliardäre, annehmbar auch in der Waffenindustrie sowie in Weltraumunternehmen. Das wäre schon in Ordnung, wenn dieselben gleichermaßen soziales Engagement zeigen würden, für Kinder und Jugendliche etwas tun würden oder für die Alten. Das wünschte ich mir so, aber es wird nicht geschehen. Der Imperialismus ist das Raubtier, nicht der Bolschewismus.

Während ich hier sitze und an meinem Buch schreibe, brennen in Zentralrussland die Wälder und Torfgebiete. Große Dürre bei Temperaturen nahe 40 Grad herrscht in diesem Jahr 2010 in Russland. Es ist der heißeste Sommer seit einhundertdreißig Jahren. Die Menschen rufen die Feuerwehren, aber es gibt nicht genug. Ihre Häuser brennen einfach ab, wenn die Winde ungünstig stehen. Putin, jetzt als Ministerpräsident, herrschte seine Mannen an, er brauche umgehend eine Bestandsliste der Brandschutzeinrichtungen. Ich schreibe hier ein dialektisches Buch: Alles ändert sich in Russland, bevor ich es beenden kann.

Nun, warum kommen die Russen nicht? Seit 1996 ist Deutschland längst nicht mehr das beliebteste Einwanderungsland, sondern Frankreich und andere Länder. Die meisten Immigranten sind Türken, Italiener, Polen, Serben, Kroaten, Araber und und und ... 2005 gab es 707 000 Zugewanderte gegenüber 628 000 Abgewanderten. Die Eingewanderten aus Osteuropa hatten laut Statistik öfter das Abitur als die Deutschen selbst. Es steht immer einer Zahl der Eingewanderten eine Zahl der Ausgewanderten gegenüber.[37] Im zwanzigsten Jahrhundert hat es vier Auswanderungswellen aus Russland gegeben:

Die erste Auswanderungswelle kam nach 1917, nach der Revolution, ins Rollen. Es waren Adlige und Bürgerliche, Gegner der Bolschewiki, der Revolution, zum Beispiel der Schriftsteller Nabokow und der Kunsttheoretiker und Maler Wassili Kandinsky; auch der Wodkadestillator Gorbatschow, dessen Nachkommen den Betrieb bis heute führen. Viele dieser Zugewanderten verließen Deutschland wieder nach der Machtergreifung Hitlers.

Die zweite Welle fand mit dem Ende des zweiten Weltkriegs statt. Es gab 250 000 Kriegsgefangene oder Verschleppte, von denen ein großer Teil in Deutschland geblieben ist.

Die dritte Auswanderungswelle bildete sich aus Dissidenten und nicht linientreuen Intellektuellen, Schriftstellern und anderen, die zwischen 1970 und 1980 die Sowjetunion verließen.

Die vierte Welle wurde durch deutsche „Volkszuge-hörige" verursacht. Für diese Frühaussiedler galt das Bundesvertriebenen- und Flüchtlingsgesetz von 1953. In diesem Jahr gab es eine Reform des Vertriebenen-rechts. Die nach 1990 ausgesiedelten Familien nannte man Spätaussiedler. Diese Migration der Russen oder Russlanddeutschen war durch das Aussiedleraufnah-megesetz von 1990 geregelt.

Von 1991 bis 2004 konnten in Deutschland Kontin-gentflüchtlinge aufgenommen werden. Familienange-hörige bzw. Familiennachzug wurde nach dem Zuwanderungsgesetz geregelt. Seit 1996 ist die Zuwan-derung von Russen nach Deutschland zurückgegangen. Die Einwanderer haben hier schlechtere Bildungs-chancen als Deutsche.

Es sind auch russische Juden eingewandert, mehr als 17 000. Es stellte sich hier heraus, dass nicht alle Juden waren. Eher war es ein Vorwand, Jude zu sein, um in Deutschland Geschäfte abzuwickeln. Nach Prüfung in den jüdischen Gemeinden wurden letztendlich weniger als viertausend Menschen als Juden anerkannt.[38]

Etliche Russen haben wieder die Heimat aufgesucht, denn sie waren von Deutschland enttäuscht; sie fühlten sich nicht gleichberechtigt gegenüber deutschen Men-schen. Und etliche Ehen sind zerbrochen.

So könnte ich weiterforschen und interessante Fak-ten suchen. Es ist jedoch für das Thema dieses Buches nicht erforderlich. Die Russen sind gekommen nach 1986, nach der Perestroika, nachdem es überhaupt möglich geworden war. Sicher wollten sie schon eher auswandern, aber sie konnten es nicht. Diese Auswanderungswelle ist abgeschlossen.

Eine kontinuierliche Migration, das Einwandern und Auswandern, ist normal und gesund und findet halt statt und fand schon immer statt. Nie wäre eine Stadt wie New York entstanden, wenn es die Migration nicht gegeben hätte. Oder Chikago, oder Paris, oder Ottawa, Moskau oder Los Angeles oder Kapstadt.

Manche Menschen leben von Geburt an bis zum Tode auf ihrer Scholle oder in einer kleinen Wohnung und wollen nichts anderes. Aber Leben ist Bewegung und Bewegung ist Leben. Und ohne Bewegung gibt es kein Leben.

Die Migration hat die Fortschritte und Entwicklungen in allen Bereichen des Lebens und der Wissenschaften gebracht. Wenn sie nicht wäre, säßen wir alle noch in Afrika als Nachkommen der Urmutter, der Eva. Aber das ist absurd.

Mit diesem Ausspruch:

„DIE RUSSEN KOMMEN" war eine politische Manipulation der Bevölkerung verbunden. Alle hatten in irgendeiner Weise Angst vor den Russen. Die schreckliche Situation in einem Kriege verändert sowieso die Menschen, überall, in jedem Land.

Tun wir alles dafür und hoffen wir, dass wir und unsere Nachkommen keinen Krieg mehr erleben werden. Es gibt genug davon, jetzt in anderen Erdteilen. Leider. Und die Russen und russischsprachigen Länder auf dem Gebiet der ehemaligen Sowjetunion haben ihre eigenen Probleme zu lösen. Russland brennt 2010 nicht nur im Wald, den Torflagerstätten, in Dörfern und Städten. Ganz Russland brennt auf dem Gebiet der Innenpolitik. Es sind dort keine demokratischen Republiken, wenn sie z.B. nicht nach eigenem Wissen und Gewissen ihre Maßnahmen treffen dürfen, wenn die staatlichen Betriebe privatisiert werden, wie zum Beispiel der Staatliche Feuerschutz in den Forsten. Wir wissen ja nur wenig und das über die Medien.

Jedenfalls sind Russen keine Schreckgespenster, sondern reale, lebendige Menschen, sympathisch oder unsympathisch, genau wie bei uns. Mit Stärken und Schwächen, mit Vorzügen und Nachteilen, je nach Charakter, Vererbung und Erziehung. Wir sollten uns an die eigene Nase fassen und uns fragen, warum viele Schulabgänger schlecht rechnen, lesen oder schreiben oder sich nur schlecht ausdrücken können, warum Ausländer gelegentlich besseres Deutsch sprechen als die in Deutschland geborenen und aufgewachsenen Deutschen. Das ist doch zum Schämen!

Jetzt will ich das Philosophieren beenden.

Ich selbst bin immer dankbar, wenn ich von einem Anderen noch dazulernen kann, gleichgültig, welcher Nationalität oder Hautfarbe er sei oder gleichgültig, aus welcher sozialen Schicht er kommt. Denn ich bin immer noch neugierig und habe vor, neugierig zu bleiben. Ich habe gehört, dass Neugierde jung erhält und ich will noch recht lange jung bleiben mit meinen siebzig Jahren.

Mindestens noch zwanzig Jahre.

* * *

DANKSAGUNG

Zuerst möchte ich mich bei dir, lieber Leser, bedanken, dass du von Anfang bis Ende mein Erstlingswerk, ein Buch über Erinnerungen und trockene Fakten, durchgelesen hast.

Ich hoffe, es hat dir gefallen und einige neue Erkenntnisse gebracht.

Dann möchte ich mich bei meinem lieben Sohn und seiner Frau bedanken, die mir Mut zum Schreiben gemacht haben und mit Geduld Ratschläge und aktive Hilfe gegeben haben.

Auch dem Rest der ganzen Familie möchte ich Danke sagen, weil ich nicht genügend Zeit hatte, weil mir das Schreiben und Fertigstellen dieser langwierigen Prozedur wichtiger war.

Was man anfängt, soll man auch zu Ende bringen, nicht wahr?

In Erinnerung danke ich meinen lieben Eltern, die unter Schwierigkeiten doch einen vernünftigen Menschen in mir erzogen haben. Besonders meinem Vater, der mir gegenüber immer Toleranz hat walten lassen.

Natürlich danke ich meiner Mutter, die unter der Wahnsinnspolitik des 20. Jahrhunderts am meisten gelitten hat und an ihr zugrunde gehen musste.

Jedem, der ein ehrliches Anliegen hat und es mitteilen möchte, sage ich hiermit und ermuntere ihn: Schreibe es auf! Es befreit dich und anderen Menschen gibt es etwas, was sie vielleicht schon lange gesucht haben.

Alles Gute wünscht

Waltraud Voigt

---

[1] Quelle: Brockhaus-Lexikon

[2] Brennabor Brandenburg: Diese Fahrräder wurden in den Brennabor-Werken hergestellt. Bis Mitte der 1920er Jahre war Brennabor der größte Automobilhersteller Deutschlands. Nach dem Zweiten Weltkrieg endete die Unternehmensgeschichte durch die Demontage des Werkes.

[3] HO = Handelsorganisation

[4] VEB = Volkseigener Betrieb

[5] aus Eberswalder Jahrbuch 2006/2007: Wühle, E: „Die Sowjetischen Besatzungstruppen …"

[6] SERO = Sekundärrohstoffe

[7] Quelle: Wikipedia

[8] Siehe DUDEN-Schülerlexikon, 10. Auflage 2010

[9] Quelle: Brockhaus-Lexikon

[10] Die Melodie wurde von dem Berliner Arzt Bernhard Flies im Jahre 1796 komponiert. Der Text stammt von Fr. W. Gotter aus dem Schauspiel „Esther", Leipzig 1795

[11] Quelle: Wikipedia: Krim

[12] Quelle: Frankfurter Allgemeine Zeitung (F.A.Z.) vom 28. April 2010

[13] Quelle: „Fremde Heimat Eberswalde", Herausgeber Stadt Eberswalde, 2008

[14] „Fremde Heimat Eberswalde" 2008

[15] Namen geändert

[16] Quelle: Information durch UNICEF

[17] Quelle: Brockhaus

[18] Quelle: Berichte in Fernsehsendungen

[19] Quelle: Wikipedia

[20] Quelle: Brockhaus

[21] Quelle: TV Bednarz

[22] SPUTNIK – eine Art „Reader's Digest" der Sowjetunion; eigentlich der Name des ersten künstlichen Erdtrabanten. Die Sputnikhefte wurden ähnlich gehalten wie die westlichen

Reader's-Digest-Ausgaben – aber ohne politische, nur mit kulturellen und wissenschaftlichen Inhalten, dafür reich bebildert und illustriert.

[23] ADIEU TRISTESSE Premium Edition No. 3, www.at-reisemagazin.de
[24] Lexikon Brockhaus in 3 Bänden von 2004
[25] Rita Knobel-Ulrich, Reportage: Mit der Transsib von Moskau bis Peking
[26] Fritz Pleitgen, 73 Jahre alt, Journalist und früherer WDR-Intendant, z. Zt. Präsident der Deutschen Krebshilfe, Mitbegründer einer Kinderkrebsklinik im Ural
[27] Bumerang-Zeitschrift
[28] ADIEU TRISTESSE Premium edition 4/2008, Permit: Erlaubnisschein
[29] Bumerang 15, Zeitschrift für bedrohte Kulturen, 1/2008, www.CultureCenterNorthernAsia.org
[30] beim „Jassa", dem Gesetzeswerk des Dschingis Khan, war in vielen Paragraphen die Todesstrafe vorgesehen, z.B. bei Ehebruch und sogar bei Trinkwasserverunreinigung; geringere Strafen waren Verstümmelung oder das Tragen eines Schandkragens (siehe Wikipedia)
[31] Bumerang Jg. 16/ 2/2009, Zeitschrift für gefährdete Kulturen
[32] www.CultureCenterNorthernAsia.org www.grey-wolf-guruev.com, Bumerang 17/1/2010
[33] Pressemitteilung vom 27. 2. 2010
[34] Quelle: Wikipedia und TV
[35] Potsdamer Klimaforscher Friedrich-Wilhelm Gerstengrabe in einer TV-Sendung vom 11.8.2010
[36] Quelle: Wikipedia und Brockhaus
[37] Quelle: Wikipedia 2010 über die Statistiken der Immigranten und Emigranten. Aus dem Statistischen Bundesamt
[38] Quelle: Wikipedia (2010), Einwanderungsstatistiken

КОНЕЦ